Giuliana Sgrena

FRIENDLY FIRE

Als Geisel zwischen den Fronten

Giuliana Sgrena

FRIENDLY FIRE

Als Geisel zwischen den Fronten

Aus dem Italienischen
von Brigitte Lindecke und Julia Sailer

Ullstein

Die Originalausgabe erschien 2005 unter dem Titel *Fuoco Amico* bei Giangiacomo Feltrinelli Editore, Mailand.

ISBN-13: 978–3-550-07878-1
ISBN-10: 3-550-07878-1

Gesetzt aus der Berling und der Helvetica bei LVD GmbH, Berlin
Druck und Bindung: Bercker, Kevelaer
Printed in Germany

1. Die Entführung

»Wer garantiert uns, dass du keine Spionin bist?« Ein Mann fixiert mich mit hellen, eiskalten Augen unter einer rot-weiß karierten Kufija. Ich nehme die Herausforderung an: »Niemand kann dir das garantieren, am wenigsten ich selbst: Ich bin Journalistin und sammle Geschichten von den Flüchtlingen aus Falludscha. Wenn ihr mir vertraut, dann redet, ansonsten schweigt.« Ahmad gibt nicht auf, er wiederholt einige mir schon bekannte Fakten wie die Besetzung des General Hospital zu Beginn des amerikanischen Angriffs auf Falludscha, die, wie er hinzufügt, geschah, »während eine Frau entbunden wurde. Man hat sie dort allein gelassen, ohne dass jemand die Nabelschnur abgetrennt hatte!« Ich frage ihn, ob er während des Angriffs in Falludscha gewesen sei, aber er antwortet mir, er habe sich in jener Zeit wegen eines Problems mit seinem Bein in einem Krankenhaus in Bagdad aufgehalten. Auch seine Familie sei in die Hauptstadt gefahren, um ihm beizustehen. Es hat keinen Sinn, ihm zu erklären, dass ich lieber weniger bekannte Fakten von ihm hören will. Er fährt fort mit seinen antiamerikanischen Parolen und blickt mir dabei direkt und drohend in die Augen. Später erfahre ich, dass er meinen Chauffeur gefragt hat, ob ich Geleitschutz hätte – bewaffneten, versteht sich.

Die Atmosphäre war feindlich, entsetztlich feindlich, aber ich wollte mein Projekt nicht aufgeben. Ich wollte die Geschichte der Zerstörung Falludschas erzählen, und zwar anhand der Erinnerungen und Bilder jener Menschen, die sie unmittelbar erlebt hatten, oder anhand der Erzählungen ihrer Verwandten, die während der Belagerung dort festgesessen hatten. Bis dahin waren die wenigen Nachrichten ausschließlich durch die im Schutz der amerikanischen Truppen »eingebetteten« Journalisten an die Öffentlichkeit gelangt. Dennoch hatte die Zensur nicht den sensationellen Bericht von Kevin Sites, einem Reporter des amerikanischen Senders NBC, verhindern können: Er hatte gefilmt, wie ein Marinesoldat einen verwundeten und entwaffneten Kämpfer, der auf dem Boden einer Moschee in Falludscha lag, tötete. Obwohl diese Bilder um die Welt gingen, war Kevin Sites sofort aus der Truppe der eingebetteten Journalisten »entlassen« worden, denn er hatte die »Einsatzregeln« und die der Zensur missachtet. Einige Zeit später wurde der Marinesoldat freigesprochen, weil er aus »Notwehr« gehandelt habe. Andere nach Falludscha »eingezogene« Journalisten haben mir versichert, dass sie diese Erfahrung niemals wiederholen wollten. Ihnen war nichts erspart worden, nicht einmal die Aufgabe, Schützengräben auszuheben.

Falludscha beschäftigte mich seit meiner Ankunft in Bagdad obsessiv, nicht erst seit diesem letzten Mal. »Entdeckt« hatte ich es Ende April 2003, nach dem ersten Aufstand, der dieses Städtchen zum Symbol des Widerstands gegen die Besatzung hatte werden lassen. Auf jeder meiner Irakreisen kehrte ich dorthin zurück. Ich hatte sehr hilfsbereite Menschen kennen gelernt, mit denen ich bald befreundet war und zusammenarbeitete. Sie waren überzeugt davon, dass die Welt von der Wirklichkeit Falludschas erfahren sollte, und halfen mir daher bei meiner Arbeit. Gewöhnlich traf man sich im Haus von Abu Mohammed, und wann immer ich dorthin kam, wurden die Übrigen »einberufen« (damals funktionierten die Telefone in Falludscha noch). Der ethnischen Tradition folgend, saßen alle in einem großen Raum auf dem Boden und besprachen die neuesten Vorkommnisse. Mustafa, ein Mechaniker, war stets am besten informiert: Schon bei meinem ersten Besuch hatte er mir davon erzählt, wie sie sich gleich nach dem Kampf am Flughafen, einem der grausamsten während der Besatzung Bagdads, auf die Suche nach den Leichnamen ihrer Verwandten gemacht und verkohlte und unkenntliche Kadaver gefunden hatten. Von dem Moment an hatte er sich die Frage gestellt: Welche Waffen wurden da eingesetzt? Napalm? Phosphor?

Seit dem letzten Juni (2004, vor der sogenannten Machtübergabe an die »irakische provisorische Regierung«) war Falludscha *off-limits* (Tabuzone) geworden. Die Isolation, die den Bewohnern der Stadt nach dem ersten schweren amerikanischen Angriff auferlegt worden war, hatte sie erschöpft. Die verschiedenen Widerstandsgruppen hatten sich entsprechend ihren politisch-ethnischen und religiösen Wurzeln gespalten und in ihren Positionen voneinander entfernt. Die von den Besatzern auferlegte Isolation hatte auch den Zuzug aus dem Ausland stammender Araber begünstigt. »Wir wissen, dass es Araber gibt«, hatte ein aus Falludscha geflüchteter Junge im September 2004 zu mir gesagt, als die Stadt gerade unter heftiger Bombardierung stand, »aber wir hatten nie Kontakt zu ihnen.«

Seit diesem Zeitpunkt war es mir nur noch selten gelungen, mit meinen Freunden zu telefonieren. Bei dem Angriff im November 2004 ging schließlich auch ihr Haus in Trümmer. Was war wohl aus ihnen geworden? Waren auch sie bei den Flüchtlingsschlangen gelandet? Wahrscheinlich, nur wo? Ich hatte keine Nachricht mehr von ihnen.

Noch vor den Wahlen, die mich Ende Januar 2005 in den Irak geführt hatten, hatte ich mich also auf die Suche nach den Menschen gemacht, die vor oder während des Angriffs aus Falludscha geflohen waren. Da ich meine Bekannten nicht gefunden hatte, musste ich nach anderen Wegen suchen. Das war nicht leicht. Mohammed, ein Freund, der in einer regierungsunabhängigen italienischen Organisation arbeitet und den aus der heimgesuchten Stadt Evakuierten Hilfe bringt, hatte mich gewarnt: »Ich führe dich nicht zu den Flüchtlingen von Falludscha, das ist zu gefährlich, denn sie sind sehr aufgebracht. Sie wollen niemanden sehen und trauen der westlichen Darstellung von Irakern nicht besonders!« Ich habe viel Respekt vor der Meinung dieses Freundes, der mir in schwierigen Situationen stets geholfen hat, aber in Bezug auf die Flüchtlinge dachte ich, er übertreibt, womöglich um mich besonders zu schützen.

Der Terror der Entführungen hat auch das Leben der Iraker verändert: Als ich in Bagdad war, wollte Mohammed schon im September – während der Entführung von Simona Torretta und Simona Pari, Manhas und Ra'ad – nichts mehr von meinen Plänen wissen: »Wenn sie meine Kinder kidnappen würden, wüsste ich nicht, wie ich reagiere«, wiederholte er und blieb somit bezüglich meiner Reisevorhaben lieber im Dunkeln. Er rief mich allerdings tagsüber öfter an, um zu erfahren, ob ich noch »an einem Stück« sei, wie er sich ausdrückte.

Offensichtlich war ich nicht die Einzige, die sich für Falludscha interessierte, und ich bekam Hilfe von einem befreundeten Fotografen. Er nannte mir einen Ort, an dem ich ein Lager von Flüchtlingen aus Falludscha finden konnte, und zeigte mir die Straße dorthin. Der Ort war die Moschee Mustafa und sie befand sich auf dem Campus der Universität Nahrein, der ehemaligen Saddam University, die nach dem Fall des Regimes in »Universität der zwei Flüsse« (Euphrat und Tigris) umbenannt worden war. Die Moschee, die von weitem wie eine riesige grüne Schale aussieht, liegt am Rand des weitläufigen Campus, abseits der akademischen Institute. Um die Kuppel herum sind Zelte aufgestellt, die einen Teil der Flüchtlinge aus Falludscha beherbergen, insgesamt sollen es um die 1500 sein. Andere Zelte, verwandelt in eine Art Paravent aus gelbem Stoff, befinden sich sogar im Innern des Gebäudes, um die Evakuierten vor Kälte und Regen zu schützen: die Frauen auf der einen, die Männer auf der anderen Seite.

Bei meiner Ankunft mit Dolmetscher und Chauffeur, beide Sunniten – im besetzten Irak ist die Wahl der Begleiter ein nicht zu unterschätzendes Detail – stehen die Männer in kleinen Grüppchen zusammen und diskutieren, während die Frauen mit Töpfen und Schüsseln umherlaufen, gefolgt von Scharen schlammbeschmutzter Kinder. An jenem Freitag – dem 4. Februar 2005 – regnete es. Der Campus bot einen besonders elenden und traurigen Anblick. Doch gegen Ende des Vormittags gab es wenigstens ein paar Sonnenstrahlen, die es den Gläubigen erlaubten, ihren grünen Gebetsteppich aus der Moschee zu schleifen, um der Kälte und Feuchtigkeit im Innern zu entkommen. Vor dem Gebet war allerdings noch Zeit und dank der Erlaubnis des Imam der Moschee, Scheich Hussein, der uns hatte wissen lassen, er bereite gerade das Gebet vor, versuchte ich den feindlichen Vorhang um mich herum zu durchbrechen. Dabei ignorierte ich Achmeds kleinen Trupp, der mich nicht aus den Augen ließ. Ich wollte mich nicht geschlagen geben, denn ich weiß, wie sehr dieses Volk leidet – ich war unter anderem am Tag nach den Bombardements in Falludscha gewesen –, und ich war sicher, ihr Misstrauen besiegen zu können. Darüber hinaus hatte ich bereits viele andere Flüchtlingslager besucht, von Somalia bis Kurdistan, von denen einige in schlechterem Zustand gewesen waren. Überall bin ich auf ohnmächtige Wut und Resignation gestoßen, aber man hat mich immer freundlich aufgenommen. Noch nie bin ich solchem Argwohn und solcher Feindseligkeit begegnet wie unter den Evakuierten von Falludscha (die Kombination aus diesen beiden Stimmungen ist übrigens äußerst labil). Ich erinnere mich, wie ich unmittelbar nach dem Ersten Golfkrieg beim Betreten eines Flüchtlingslagers von irakischen Kurden in der Türkei, in dem die Cholera grassierte, mit einer Schüssel Wasser empfangen wurde. Trotz der Ansteckungsgefahr konnte ich sie nicht ablehnen: Es war das Einzige, was diese Leute besaßen. Die Geste war ein Zeichen von Gastfreundschaft.

Die jetzige Situation ist anders: Obwohl wir uns im Eingangsbereich einer Moschee befinden, ist kein Platz für die traditionelle Gastfreundschaft. Mir wird klar, dass alle Menschen aus dem Westen als Feinde wahrgenommen werden, denn sie ähneln ausnahmslos den Besatzern und sind demnach auch für die Zerstörung Falludschas verantwortlich. Auch für uns Italiener ist es schon seit geraumer Zeit schwierig, uns von den Entscheidungen unserer Regierung abzusetzen: Zu Beginn des Krieges waren das Klima und die

Empfindlichkeiten andere als heute nach zwei Jahren Besatzung, wo die Gemüter verständlicherweise verbitterter sind. Und dank der Vermittlung von Scheich Hussein hatte man mir zwar Zutritt zum Lager gewährt, aber natürlich keinen Schutz. In dem Moment machte ich mir jedoch nicht allzu viele Gedanken darüber.

Unter anderem deshalb, weil einige Flüchtlinge trotz allem den Drang haben zu reden, zu erzählen. Abdallah, ein 26-jähriger Mann, ist der Erste. Er war kurz vor dem Angriff zusammen mit seinem Bruder nach Falludscha zurückgekehrt. Beide verkauften Benzin auf dem Schwarzmarkt, eine der einträglichsten Tätigkeiten während der Besatzungszeit. Sie mussten das Haus räumen, in dem die Kanister mit dem Treibstoff lagerten, sonst wäre es bei der ersten Bombardierung in die Luft geflogen. Nachdem sie das Benzin in Sicherheit gebracht hatten, zeigte ein Freund ihnen den einzigen Fluchtweg, die letzte befahrbare Straße, über die man noch aus Falludscha fliehen konnte. Dieser Freund namens Madschid blieb hingegen, weil er seine Familie nicht im Stich lassen wollte. Er ist Fahrer eines Rettungswagens und erreicht die anderen Kollegen, insgesamt 23, in dem Gebäude, das als Notaufnahme dient. Die Bombardements haben schon vor einiger Zeit begonnen – am 8. November 2004 – und Madschid organisiert gemeinsam mit seinen Kollegen den Rettungsdienst für die Verletzten, als eine Bombe in das Gebäude mit den Rettungskräften einschlägt: Nur sieben der 23 Anwesenden überleben.

Die Lage verschlimmert sich noch. Nach einigen Tagen häufen sich die Leichen auf den Straßen: Nicht nur Strom und Wasser fehlen, sondern auch die Lebenden werden allmählich rar. Hunde zerreißen die auf den Straßen liegenden Leichname, um ihren Hunger zu stillen. Und die Menschen? Die sich in ihren Häusern eingeschlossen haben und nicht wagen hinauszugehen, aus Angst vor den Bomben und aus Ekel vor dem Verwesungsgestank.

Eines Tages, erzählt Madschid, fordern die amerikanischen Truppen über ein Megaphon die gesamte Bevölkerung (den übrig gebliebenen Teil, der sich in seinen Häusern verschanzt hat) auf, sich an einem bestimmten Platz zu versammeln. Dort werde das Personal des Roten Halbmonds (das ansässige Rote Kreuz) Hilfsgüter verteilen. Aber nur diejenigen, die nicht in Falludscha eingesperrt sind, wissen, dass der Halbmond am Transport der Hilfsgüter gehindert worden ist. Die Menschen bewegen sich also in zwei Schlangen – eine für Männer, die andere für Frauen und Kinder – in Richtung des Trugbilds, trotz der vielen Toten auf den Straßen und der Hunde, die sich auf sie stürzen.

Doch statt der Hilfsgüter warten Handschellen auf die Männer. Sie werden alle als Kämpfer betrachtet, mit entsprechend unschönen Methoden verhört und anschließend in ein Lager gesperrt. Madschid kommt erst nach einigen Tagen, nachdem (mit Hilfe einer Paraffinprobe) bewiesen worden ist, dass er keinen Sprengstoff berührt hat, zusammen mit ein paar anderen frei. Doch wohin soll er gehen? Einsam und verzweifelt läuft er in Richtung Moschee, dem einzigen Zufluchtsort, den er kennt. Doch es ist kein Zufluchtsort mehr. Ein Wächter erzählt ihm, die Amerikaner hätten alle jungen Männer erschossen, die an diesem Ort der Andacht Schutz gesucht hätten. Er selbst sei lediglich aufgrund seines gesegneten Alters verschont worden. Angewidert und verzweifelt weiß Majid nicht, wohin er nun gehen soll. Der alte Wärter der Moschee nennt ihm ein Haus in der Nähe, in dem noch ein alter Mann mit drei Frauen und zahlreichen Kindern wohnt. Doch nachdem er sich dort gestärkt hat, schickt ihn der Hausherr weg. »Wenn die Amerikaner dich hier finden, bringen sie uns alle um«, sagt er. So macht Madschid sich wieder auf die Suche nach einem Fluchtweg. Er überquert den Fluss, entkommt den Kugeln, die die Amerikaner auf die Flüchtlinge abfeuern, und erreicht schließlich seine Familie in Bagdad.

Abdallah will nicht mehr sagen, aber es scheint, als sei diese Geschichte in der dritten Person seine eigene, die er nur allzu gut kennt. Möglicherweise ist das eine Vorsichtsmaßnahme, denn auch er fühlt sich von der kleinen Gruppe von Männern beobachtet, die uns ständig unter Beschuss hält.

Inzwischen nähern sich uns ein paar Kinder in Begleitung ihrer Mütter. Sogar die ganz kleinen Mädchen sind schon verschleiert und die jungen Frauen sind vollkommen bedeckt mit schwarzen Schleiern, in denen sich nur zwei Löcher für die Augen befinden. »Bedeckt ihr euch in Falludscha auch so?«, frage ich. »Nein, vorher nicht, aber wir wissen, dass es Scheich Hussein gefällt«, antworten sie.

Falludscha, auch die »Stadt der Moscheen« genannt, rühmt sich seiner *madrasa* (Koranschulen), aus denen die angesehensten sunnitischen Geistlichen hervorgehen. Sie entspricht dem, was Nadschaf für die Schiiten ist. Die religiöse Tradition hat sie zu einer sehr konservativen Stadt werden lassen: Hier wurde niemals Alkohol verkauft, nie ein Kino oder Internetcafé eröffnet; den Frauen schreibt eine Fatwa vor, sich zu verschleiern. Es handelt sich dabei allerdings um einen traditionellen Schleier, nicht einen im wahhabitischen Stil, wie ihn die Frauen in der Moschee Mustafa jetzt tragen. Der Schleier stellt bei unserer Diskussion allerdings kein Hindernis dar, im Gegenteil. Diese Frauen reden ohne falsche Scham auf mich ein: Aus ihnen spricht Wut, Verzweiflung, Machtlosigkeit, aber auch und vor allem Würde. Sie erzählen mir, was sie verloren haben, als sie Falludscha unter den Bombenangriffen verlassen mussten. Eine von ihnen berichtet, wie sie versucht hat, wenigstens die Aussteuer ihrer Tochter wiederzufinden, deren Hochzeit durch den amerikanischen Angriff verhindert wurde. »Eines Tages«, erzählt sie, »habe ich mich mit zwei meiner Kinder ins Auto gesetzt, um nach Hause zurückzukehren. Acht Stunden Fahrt (Bagdad und Falludscha sind etwa 50 Kilometer voneinander entfernt): Autoschlangen, Absperrungen, Kontrollen …« Neben dem digitalen Fingerabdruck müssen die Bewohner Falludschas auch ihre Netzhaut registrieren lassen. »Als wir endlich zu Hause waren, fand ich unser Haus in Trümmern vor, ohne Tür und Fenster, und die Aussteuer zerstört … zu dem Verlust obendrein noch die Schmach. Was konnte ich tun? Ich bin wieder hierher zurückgekehrt und lebe jetzt in einem Zelt.« Und die Dollars, die die Amerikaner euch gegeben haben, um eure Häuser wieder aufzubauen? »Was sollen wir mit 200 Dollar für ein zerstörtes Haus?« Fawsia hat sie sogar zurückgewiesen: »Wir wollen ihr schmutziges Geld nicht. Außerdem ist es sowieso unseres, weil sie es mit unserem Erdöl verdienen«, sagt sie stolz.

Inzwischen sind auch die über acht Millionen Dollar aufgebraucht, die unter den Einwohnern verteilt worden waren. Die Flüchtlinge, die um die Moschee lagern, leben von Hilfsgütern, vor allem aus dem Irak, behauptet Scheich Hussein. »Die Regierung hat uns nichts gegeben, sie hat uns stattdessen die Nationalgarde geschickt«, aber während er das sagt, taucht ein kleiner Laster einer islamischen NGO aus Qatar auf. Er hat Öl geladen, Tomaten, Zucker und andere Lebensmittel, die die Flüchtlinge untereinander aufteilen. Dazu zeigen sie ihre Lebensmittelkarten aus der Zeit des Embargos unter Saddams Regime, die allerdings vom Imam unterzeichnet sind.

Zur Gebetsstunde, um 12.30 Uhr, wärmen schwache Sonnenstrahlen die Gläubigen, die sich auf dem grünen Teppich verteilen: vorne die Männer, dahinter die Frauen und Kinder. Ein paar laufen jedoch weiter im Lager herum, mit finsterer Miene und ohne sich um das Gebet zu kümmern. Wie jeder Imam in der heutigen Zeit vernachlässigt auch Scheich Hussein die Politik nicht und klagt die Amerikaner an, Falludscha unter dem Vorwand der Jagd auf die Terroristen von al-Qaida zerstört zu haben. »Aber wo ist al-Sarqawi?«, lautet die rhetorische Frage, die er an die Gläubigen richtet.

Beruhigt durch die Anwesenheit des Fotografen, der mich auf das Lager hingewiesen hat und der vor Beginn des Gebets plötzlich gemeinsam mit dem Imam aufgetaucht ist, warte ich das Ende der Predigt ab, um mich bei Scheich Hussein zu bedanken. Mir wird klar, dass ich sehr viel Zeit in der Moschee verbracht habe, aber das Lager zu verlassen, ohne dem Imam zu danken, wäre äußerst unhöflich. Allerdings ist mein Vorhaben nicht leicht in die Tat umzusetzen: Scheich Hussein begibt sich, gefolgt von weiteren Männern, in das kahle Gebäude neben der Moschee, das als Vorzimmer zu seiner Wohnung dient. Aus dieser dringen Kinderschreie, die lauter werden, als jemand die Tür öffnet und uns Pepsi Cola anbietet. In dem Moment klingelt es und der Scheich zieht ein mit religiösen Symbolen verziertes Handy aus seiner Tasche. Statt eines Klingeltons ertönen Koranverse. Der Kontrast zwischen Technologie und religiöser Orthodoxie ist eklatant, dennoch scheint beides – nicht nur in diesem Fall – friedlich nebeneinander zu bestehen. Der Geistliche reicht mir einen kleinen Band in arabischer Sprache über den Angriff auf Falludscha und den Prospekt einer Website. Auf dessen Umschlag prangt ein Bild der bei den Kämpfen zerstörten Moschee al-Kabir in Falludscha und darunter steht: »Wie kann man den Hass stoppen?« Scheich Hussein wirkt nervös und von Zeit zu Zeit abwesend. Bevor er sich an mich wendet, fragt er meinen Dolmetscher, wie man mit einer weiblichen, aus dem Westen stammenden Journalistin umgeht. Der Geistliche wechselt zwischen Arabisch und Englisch hin und her und die Anwesenden, die zunehmend das Zimmer bevölkern, mischen sich ebenfalls ein. Im Irak ist es üblich, dass jeder, der ein Zimmer betritt, sich in das im Gang befindliche Gespräch einschaltet oder es unterbricht. Ich habe mich daran gewöhnt und nutze dies ebenfalls, um die Meinung der Neuankömmlinge zu erfahren. Während wir über Falludscha sprechen, entsteht unter den Anhängern des Scheichs wieder eine extrem angespannte und feindselige Stimmung. Ein würdevoller alter Mann fordert mich heraus: »Was kannst du für uns tun? Warum sollen wir dir antworten, wozu ist das gut?« Ich brauche wohl nicht zu erwähnen, dass meine Antwort äußerst skeptisch aufgenommen wird. Ich spreche von der Notwendigkeit, die internationale öffentliche Meinung über die Lage der Flüchtlinge und die Zerstörung Falludschas zu informieren, ihr eine andere Version der Tatsachen zu bieten als jene der bei den amerikanischen Truppen eingebetteten Journalisten.

Falludscha ist zerstört, also muss man es wiederaufbauen. Und dazu braucht man Geld, eine große Summe, die Scheich Hussein genau festlegt: Wir fordern die gleiche Entschädigung, wie Gaddhaffi sie für die Opfer von Lockerbie gefordert hat, zehn Millionen Dollar für jedes Opfer von Falludscha. »Und wie viele Opfer gibt es?«, frage ich, da unterschiedliche Schätzungen über die Zahl der Toten im Umlauf sind und die Verletzten gar nicht mit einbezogen werden. Scheich Hussein wirft eine Zahl hin: »5000«, dann fügt er hinzu: »Kämpfer.« Über die Zivilisten spricht er nicht. »Es ist schwierig, die Opfer zu zählen, in diesen Tagen konnte sich niemand melden«, erwähnt Fadhil Badrani, ein ansässiger Journalist, der mit der Nachrichtenagentur Reuters zusammenarbeitet und während der Bombardierung in Falludscha geblieben ist, »aber eine Schätzung anhand der Krankenhäuser, der Imame und der Stadtbevölkerung geht von mehr als 3000 aus.« Die Leichname wurden »in den Gärten der Häuser beerdigt oder liegen noch unter den Ruinen« (»Tagebuch«, 27. Mai 2005).

Mohammed Hadeed, einer der ersten Ärzte, die Falludscha nach der Bombardierung betreten haben, erklärt, dass nach Schätzung seines Teams die Zahl der Opfer zwischen 3000 und 5000 liegt. Eine Zahl, die eher der von Scheich Hussein ähnelt als der des US-Militärkommandos (zwischen 1200 und 1600 getötete Kämpfer). Jedenfalls scheint es, dass nur 700 identifiziert und begraben wurden, während die Übrigen in Massengräbern endeten, zerfleischt von Hunden oder verkohlt von den Waffen der Amerikaner.

Scheich Hussein zielt offensichtlich auf eine Erhöhung: Zehn Millionen Dollar mal 5000 ist eine ganz schöne Summe. Ist das Provokation? Nein, Scheich Hussein scheint überzeugt von dem, was er sagt, und wird sich nicht leicht geschlagen geben. Das Handy klingelt, aber der Imam macht sich nicht einmal die Mühe, es aus der Tasche zu ziehen. Er sagt, er sei müde, er sei im Morgengrauen aufgestanden, und verabschiedet uns schnell. »Wie ist Ihr Name?«, frage ich noch, bevor ich mich entferne. »Schreiben Sie nur Hussein, sonst kommt die Nationalgarde wieder.« An diese Worte habe ich in den darauf folgenden Wochen oft zurückgedacht. Genau wie an die Tatsache, dass er nicht fotografiert werden wollte.

Wir werden bis zum Tor »geleitet«. Ich muss die Zeitung anrufen. Die Geschichten, die man mir erzählt hat, sind sicher kein Knüller, aber sie machen die Realität greifbarer, sie sind meine tägliche Arbeit. Zuvor hatte ich andere Flüchtlinge aus Falludscha kennen gelernt, die bei Verwandten untergekommen waren und mir bereits von ihren Versuchen, nach Falludscha zurückzukehren, erzählt hatten. In Sadr City habe ich mich mit Mohammed getroffen. Er stammt nicht aus Falludscha, ist aber zur Zeit von Saddam dorthin gezogen, um in einer Lastwagenfabrik zu arbeiten, die dem Verteidigungsministerium gehörte. Durch den Krieg hat er seine Arbeit und damit auch sein Haus verloren: Da die Fabrik nicht mehr existiert (sie ist wie alle Fabriken des Verteidigungsministeriums in die Hände der Amerikaner übergegangen und dann geschlossen worden), hat er kein Recht mehr, dort zu wohnen. Mohammed erzählt mir, dass seine beiden Nachbarinnen dagegen nach Falludscha zurückgekehrt sind. Die Amerikaner haben sie jedoch angewiesen, ihr Haus zuerst zu desinfizieren, und ihnen zu diesem Zweck Kanister mit speziellen Reinigungsmitteln gegeben. »Die ehemaligen Nachbarinnen haben mir erzählt, dass sie die Wohnung von einer weißen Pulverschicht bedeckt vorfanden. Als sie dann angefangen haben, die Schicht zu entfernen, ist der einen schlecht geworden und sie hat überall geblutet.« Ich hätte diese Frauen gerne kennen gelernt, aber die Ereignisse haben es unmöglich gemacht.

Beim Verlassen der Moschee bin ich zufrieden mit meiner Arbeit und rufe als Erstes die Zeitung an. Während ich auf den Rückruf warte, beschließe ich, meinen italienischen Kollegen, mit denen ich zum Mittagessen verabredet bin, Bescheid zu sagen, dass ich komme. Die Verabredung ist um zwei. Ich schaue auf die Uhr, nur noch zehn Minuten Zeit. Mein Handy am Ohr höre ich noch das Freizeichen, als plötzlich Schüsse fallen. Wir haben das Tor der Moschee passiert und sind gerade an der Wachpforte der Universität vorbeigefahren, allerdings ohne die Wachen zu sehen. Offenbar sind sie drin geblieben, weil es freitags nicht viel zu tun gibt. Oder aber weil sie informiert worden sind über das, was gerade vor sich geht: Zwei oder auch drei Autos stellen sich quer zwischen die Betonbarrieren (die dazu dienen, die Durchfahrt zu verlangsamen und so die Kontrolle des Universitätseingangs zu ermöglichen), um uns am Hinausfahren zu hindern. Der Fahrer, Mohammed, gerät in Panik und flüchtet zu Fuß, wobei er den Schüssen eines der Entführer auszuweichen versucht. Wael, der Dolmetscher, der vor mir sitzt, versucht vergebens, die Wagentüren zu verschließen. Ein kräftiger junger Mann öffnet die Tür und zieht mich hinaus. Er hebt auch mein zu Boden gefallenes Handy auf, noch bevor die Kollegin, die ich angerufen habe, sich melden kann; auf diese Weise kann sie den Anfang meiner Entführung direkt mitverfolgen. Der Mann schleppt mich zu einem anderen Wagen, in dem vier Männer sitzen – und kurz darauf ich, eingeklemmt zwischen den beiden auf dem Rücksitz.

Auf meinen Protest hin dreht sich der Beifahrer zu mir um, blickt mir direkt in die Augen und sagt: »Keine Angst, wir sind Muslime.« Aber sein hasserfüllter Blick ist nicht gerade dazu angetan, mich zu beruhigen. Stattdessen denke ich daran zurück, wie ich im März 2003, zu Beginn des Krieges – jenes erklärten und mit Bombenangriffen geführten Krieges –, in einem Tagebuch für die deutsche Wochenzeitung »Die Zeit« schrieb: »Wenn sie uns hassen würden, wenn sie uns gegenüber aggressiv auftreten würden, wäre es leichter, ihnen entgegenzutreten. Stattdessen sind sie freundlich, aber nicht unterwürfig, stolz, aber nicht arrogant. Wir sind die Unzivilisierten angesichts ihrer 6000 Jahre alten mesopotamischen Kultur, die unauslöschliche Spuren in der Menschheitsgeschichte hinterlassen hat. Wer die Bomben abwirft, schaut ihnen nicht in die Augen.«

Zwei Jahre Krieg und Besatzung sind seitdem vergangen und hier ist das Resultat: Nun sehe ich den Hass in ihren Augen, sie sind nicht mehr freundlich, unterwürfig sind sie nie gewesen, stolz dagegen schon und auch gewalttätig, und nun entführen sie mich.

Ich wusste, dass der Krieg keine Grenzen der Entmenschlichung kennt, auch, dass er Zivilisten nicht verschont und dass es Entführungen gibt, aber jetzt bin ich selbst Opfer: Ich fühle mich als Geisel meiner Überzeugungen.

Warum gerade ich? Das habe ich mich während meiner vier Wochen, vier Mondphasen, dauernden Gefangenschaft täglich gefragt. Warum entführt man eine Journalistin, die sich stets gegen den Krieg gestellt hat? Warum war mir das Befragen der Flüchtlinge aus Falludscha, der am meisten geschundenen Stadt, zur Falle geworden? Damals wusste ich noch nicht, dass meine französische Kollegin Florence Aubenas und ihr Mitarbeiter Hussein genau am selben Ort entführt wurden, ebenfalls nach der Befragung der Flüchtlinge. Nach meiner Befreiung ließ mir Scheich Hussein, nun nicht mehr in der Moschee Mustafa, eine Nachricht zukommen. Darin hieß es, meine Entführer gehörten nicht zum

Widerstand und solche Aktionen zerstörten das Ansehen des Widerstands, außerdem seien die Frauen, die ich im Lager getroffen hätte, sehr verärgert gewesen über das, was mir zugestoßen sei. Meine Kidnapper behaupteten das Gegenteil, doch vielleicht erfuhren sie erst nach meiner Entführung, wer ich war und was ich bis dahin getan hatte.

Ich war im Februar 2003 in Bagdad angekommen, um an einer Demonstration gegen den Krieg teilzunehmen, die zur gleichen Zeit überall auf der Welt stattfand. Trotz der Bombenangriffe war ich dort geblieben, obwohl alle westlichen Botschaften – allen voran die der USA – uns zur Abreise gedrängt hatten. Sie hatten versucht, uns mit Bildern der katastrophalen Auswirkungen eines möglichen Einsatzes von Massenvernichtungswaffen einzuschüchtern. Als wir nicht nachgaben, versorgte uns die italienische Botschaft, als Schutz vor einem solchen Ernstfall, mit der entsprechenden Ausstattung – Gasmasken, Schutzanzug, Filter etc. All das befand sich in einer großen Tasche, die allerdings in der diplomatischen Niederlassung deponiert wurde. Nachdem uns der Gebrauch von Maske und Filtern erklärt worden war, war ich von ihrer Nutzlosigkeit überzeugt, dabei verhehle ich nicht, dass ich deswegen eine gewisse Nervosität empfand. Obwohl die Botschaften darum wetteiferten, wer die wildesten Star-Wars-Fantasien hervorbrachte, dachte ich nicht im Entferntesten daran, das Lager zu verlassen. Als meine Zeitung mich aus übermäßiger Vorsicht mir gegenüber darum bat zurückzukehren, fühlte ich mich plötzlich verloren. In den Redaktionssitzungen hatte man über dieses Thema diskutiert und angeblich war Luigi Pintor ganz besonders um mein Schicksal besorgt, was ich aber leider erst nach seinem Tod erfahren habe. Ich war mir der Gefahren bewusst, hatte aber keine Angst und wollte Zeugin des Geschehens werden. Die Vorstellung abzureisen machte mir mehr Angst als die zu bleiben. Also blieb ich, um vom Alltag der Iraker zu berichten – zunächst vor den Bombenangriffen, dann während der Besatzung. Wobei Letztere nichts anderes ist als eine Fortsetzung des Krieges.

Falludscha

Ein Städtchen mit über 250 000 Einwohnern vor den Toren Bagdads, an der Straße Richtung Jordanien. Aufgrund dieser Lage konnten die Einwohner Falludschas Handel und Industrie in den Bereichen Transport und Bau entwickeln. Dank solch florierender Aktivitäten war die Stadt in der Expansion begriffen und es entstanden Viertel mit neuen Häusern und breiten, meist staubigen Straßen. Bei dem Angriff im November 2004 wurde diese Stadt fast dem Erdboden gleichgemacht. Offiziellen Zahlen der Regierung zufolge wurden 36 955 Häuser getroffen, 3600 zerstört, 2000 niedergebrannt und 21 000 besetzt. Von den Geschäften wurden 1800 vollkommen zerstört, 8400 beschädigt, außerdem brannten 258 Fabriken ab. Zu diesen Schäden müssen, nach Doktor Hafid al-Dulaimi, Direktor der städtischen Kommission für Schadensersatz, noch 60 getroffene Kindergärten und Schulen sowie 65 beschädigte Moscheen und religiöse Orte hinzugefügt werden. Darüber hinaus hatten die Bombardierungen verhehrende Folgen für die Umwelt: Das Trinkwasser ist durch die Abfälle in der Kanalisation verseucht. Die von Ingenieur Fawsi, auch er Mitglied der Kommission für Schadensersatz, berechnete Schadenssumme beläuft sich auf 600 Millionen Dollar. Doch damals hat Premierminister Ijad Allawi nur 20 Prozent davon anerkannt und bis zum letzten Juni wurden lediglich zehn Prozent bewilligt. Nach Aussage von Mohammed Hadeed, einem Arzt aus Falludscha, warten noch 31 000 Einwohner auf ihre Entschädigung. Viele derjenigen, deren Haus zerstört wurde und die über keine andere Bleibe verfügen, haben ihr Lager auf den Überresten aufgeschlagen.

Der Angriff auf Falludscha im November war Teil jener »Schlussoffensive«, die den Vereinigten Staaten zufolge die Wahlen am 30. Januar 2005 ermöglichen sollte. Aber die Operation »al Fadschir« (Morgengrauen) hat nicht nur die Einwohner Falludschas, sondern alle Sunniten von den Wahlen ausgeschlossen. Und nach acht Monaten ist die Stadt noch immer vollkommen unzugänglich. Nur die Bewohner haben Zutritt und dürfen, nach eingehender Identifizierung und stundenlangem Warten, einen der sechs streng bewachten Durchgänge passieren. Nur 80 Prozent der über 250 000 Einwohner sind zurückgekehrt. Auch deshalb ist es schwierig, die Toten und die Verschollenen zu zählen.

Der Schlussoffensive der Amerikaner waren weitere schwere Angriffe vorausgegangen, vor allem im April. Doch statt zur amerikanischen Kontrolle über die Stadt haben sie nur zur verstärkten Isolation beigetragen. Das amerikanische Heer wollte zerstören, was im Irak zum Symbol des Widerstands geworden war. Seit April 2003.

Während des Vormarsches der Truppen, nach der Besatzung von Bagdad am 9. April 2003, stellten die Anführer der ethnischen und religiösen Gruppen Falludschas eine Delegation zusammen, die sich mit dem US-Kommando treffen sollte. Sie machten sich Sorgen über die Auswirkungen, die die Anwesenheit ausländischer Soldaten in der

Stadt haben könnte. Am Schluss trafen sie eine Abmachung: Es würde keinen Widerstand gegen die Besatzung geben, dafür würden die Soldaten das bewohnte Gebiet nicht betreten, um das Leben der »Stadt der Moscheen« nicht zu stören. Doch die Abmachung wurde nicht eingehalten: Am 23. April besetzt die Marine die Grundschule al-Qaid, und als die Bevölkerung am 28. April gegen einen Beschluss demonstriert, der die Schüler daran hindert, zur Schule zu gehen, schießen US-Soldaten auf die Demonstranten. Es gibt 14 Tote und drei Schwerverletzte. Zwei Tage später folgt noch eine Demonstration mit weiteren drei Toten und 16 Verletzten. So begann der Widerstand der Iraker gegen die Besatzung. Inzwischen ließen die Marinesoldaten sich in einer Militärbasis am Stadtrand nieder – Camp Baharia –, während die Patrouillen und Verfolgungen weitergingen. Sogar nachts wurden sie nicht unterbrochen: Die Marinesoldaten drangen in Häuser ein und scheuchten Männer, Frauen und Kinder mit ihren Gewehren aus den Betten. Anschließend wurden die Hausbewohner gezwungen, auf die Straße zu gehen, während die Soldaten Durchsuchungen anstellten. Wie viele Einwohner meldeten, waren nachher Geld und Schmuck verschwunden. Diese Anklagen wurden gelegentlich sogar von den Soldaten selbst »gerechtfertigt«: Sie behaupteten, das Geld werde zur Finanzierung des Widerstands verwendet. Und wenn die Soldaten nicht fanden, wen sie suchten – verdächtige Anhänger des ehemaligen Rais und nun Kämpfer –, dann verhafteten sie einen Familienangehörigen, einen Sohn oder manchmal auch eine Frau. Eine Praxis, die immer noch fortgesetzt wird.

Die Besatzung stellt das vom ethnisch-religiösen Konservatismus geprägte Leben auf den Kopf: Die Amerikaner werden beschuldigt, die Frauen mit Ferngläsern oder sogar per Infrarotstrahlen zu beobachten. All das dient dazu, die Feindseligkeit gegenüber den Besatzern zu vergrößern, und diese Feindseligkeit führt schnell zu einem teilweise bewaffneten Kampf.

Von Beginn der Besatzung an wird Falludscha somit für die Iraker zum Symbol des Widerstands und für die Amerikaner zur Obsession. Auf der Autobahn künden wirre Blechknäuel statt der ursprünglichen Leitplanken von abgeschossenen Hubschraubern und zerstörten Militärfahrzeugen. Oder zumindest konnte man sie sehen, als es noch möglich war, die Autobahn von Bagdad nach Amman zu benutzen. Inzwischen nicht mehr. In der Rebellion von Falludscha fehlt es nicht an schauderhaften Episoden wie der Ermordung (am 31. März 2004) der vier *contractors* von Blackwater (der Sicherheitsagentur, die damit beauftragt war, den US-Botschafter Negroponte zu schützen und die schmutzige Arbeit zu machen, an der sich das Heer nicht direkt beteiligen wollte). Sie wurden ermordet, gemartert und durch die Stadt geschleift und anschließend an einer Brücke über den Euphrat aufgehängt. Die Vergeltung der Amerikaner ist sehr hart: Die Stadt wird zunächst von Panzern umzingelt, am 4. April beginnt der Angriff. Die Kämpfe dauern zwei Wochen und fordern mindestens 1000 Todesopfer, führen aber nicht zur amerikanischen Herrschaft über Falludscha. Trotz des Einsatzes beträchtlicher Streitkräfte erleidet die amerikanische Armee eine schwere Niederlage: Am 10. Mai wird die Stadt in die Hände der Brigade Falludschas gegeben, unter dem Kommando des ehemaligen Generals von Saddam, Jassim Mohammed Saleh, der aus Falludscha stammt und bei der Bevölkerung viel Einfluss hat. Da er sich aber nicht von den Amerikanern manipulieren lässt, wird er nach ein paar Tagen durch seinen ehemaligen Waffengefährten General Mohammed Latif ersetzt, der weniger Macht hat und der Kollaboration beschuldigt wird. Nachdem die Amerikaner gezwungen sind, Falludscha zu verlassen, wollen sie zumindest den Widerstand gegen Saddam wiederherstellen und ihren schwersten Fehler zum Teil korrigieren. Er wurde vom Prokonsul begangen, der bei seiner Ankunft in Bagdad die Armee und die Baath-Partei auflöste und so den islamischen Teil isolierte, mit dem General Saleh sich verbündet hatte. Die »Stadt der Moscheen« wird seitdem von den verschiedenen Emiren kontrolliert – Anführern des Militärs, der ethnischen und religiösen Gruppen –, die in der *schura*, dem Rat der Mudschaheddin, vereinigt sind. In ihr gilt das Gesetz des Stärkeren: die Scharia, für deren Einhaltung ein islamisches Gericht sorgt, das auch »Spione« mit Enthauptung bestraft. Unter den zwei geistlichen Führern der Mudschaheddin, dem gemäßigteren und angesehenen Dhafer al-Obeidi von der Moschee Hadra al-Mohammadija und dem radikaleren Abdullah al-Dschanabi (eine große und mächtige Volksgruppe, der auch Scheich Hussein von der Moschee Mustafa in Bagdad angehört), ist Letzterer der Überlegene. Seine fanatischen Predigten, die er in der Moschee Saad bin Abi Waqas hält, werden auch von Mudschaheddin aus anderen arabischen Ländern angehört. Scheich al-Dschanabi weist jedoch jegliche Verantwortung für die Ermordung von sechs schiitischen Lastwagenfahrern aus Sadr City zurück. Die Fahrer wurden am 5. Juni 2004 auf der Durchfahrt durch Falludscha getötet und verstümmelt, weil man sie für »Kollaborateure« hielt. Ein Ereignis, das der Solidarität der Schiiten gegenüber den Einwohnern Falludschas (Sunniten) während des Angriffs im April 2004 schadet.

Dies ist »befreites Territorium«, das die Wahhabiten (religiöse Fundamentalisten saudischer Schule, die in den letzten Jahren des Saddam-Regimes in den Irak gezogen sind) zum ersten Emirat des Irak machen wollen, nach dem Modell der Taliban in Afghanistan: Männer mit Kapuzen jagen alle, die Alkohol und Drogen konsumieren, und peitschen sie öffentlich aus. Wollten die Amerikaner die radikalen islamistischen Gruppen isolieren, so haben sie genau den gegenteiligen Effekt erzielt. Also müssen sie sich nun unter dem Vorwand rächen, die Terroristen um al-Sarqawi zu jagen. Aber auch der folgende Angriff im November 2004, von der amerikanischen Presse als »die grausamste städtische Schlacht der Amerikaner seit Vietnam« betrachtet (»New York Times«, 15. Juli 2005), bei der Dutzende Soldaten umkamen, hat wahrscheinlich nicht die erhoffte Wirkung. Die Stadt ist vollständig abgeschirmt und ab zehn Uhr abends herrscht Ausgangssperre. Im Juli ist sie noch von 4300 Marines besetzt, die in den Häusern der Iraker wohnen. Sie patrouillieren durch die von Stacheldrahtrollen gesäumten Straßen und kontrollieren die sechs Checkpoints an den Zugängen zur Stadt. Das hindert die Guerilla nicht, die Marines täglich anzugreifen und ihnen hohe Verluste beizubringen. Die amerikanischen Truppen haben während des Angriffs Haus für Haus durchsucht und große Mengen Sprengstoff beschlagnahmt, der trotz allem weiterhin im Überfluss vorhanden ist. Auch die irakischen »Kollaborateure« bleiben von den Angriffen nicht verschont. Wie durch ein Wunder entkommen die Mitglieder des neuen Kommunalrats einem Attentat, ebenso General Mehdi Sabeen Haschin, Kommandant der 800 Paramilitärs, die zusammen mit 2800 Soldaten gegenwärtig die irakische Streitmacht in Falludscha bilden. Obwohl die Bewohner der Stadt die Rolle verharmlosen, die die Iraker während des Novemberangriffs gespielt haben, tolerieren sie deren Präsenz nur widerwillig und beschuldigen diese »Schiiten aus dem Süden« der Misshandlungen. Auch diejenigen, die gehofft haben, ohne die Präsenz bewaffneter Gruppen und militanter Islamisten würde wieder Ruhe in der Stadt einkehren, »bevorzugen jetzt, nachdem die amerikanischen und irakischen Truppen die Einwohner Falludschas so ungerecht behandelt haben, den Widerstand. So werden sie wenigstens nicht gedemütigt«, erklärte Abdul Dschabbar Kadhim al-Alwani, Eigentümer einer Autowerkstatt, der »New York Times« (15. Juli 2005). Und für die amerikanischen Truppen bleibt Falludscha weiterhin ein Alptraum, wenn auch sicher nicht der einzige.

2. Zeit

Es ist ungewöhnlich kalt. Der Winter in Bagdad ist ohnehin streng, an diesem Tag ist es auch noch feucht. Es hat geregnet, was im Irak selten vorkommt. Der Schal, den ich mir um den Kopf gewickelt habe, um in die Moschee zu gehen, ist mir zum ersten Mal nicht unerträglich. Im Gegenteil: Er wärmt mich und »trennt« mich von dem, was ich im Moment erlebe. Freitags sind die Straßen halb leer, der Verkehr fließt ohne die üblichen Staus, während ich, eingeklemmt zwischen meinen Kidnappern, in Gefangenschaft gebracht werde. Mein verzweifelter Blick trifft auf die Gleichgültigkeit der wenigen, abwesend dreinblickenden Passanten. Es dauert nicht lange, bis wir das Dorf, eines unter vielen, erreichen, das zu meiner Zelle wird. »Zu Hause« angekommen, schalten die Entführer – es sind nur noch zwei – den Fernseher an und begnügen sich nach ebenso zahlreichen wie überflüssigen Versuchen, die Satellitenschüssel zum Funktionieren zu bringen, mit dem irakischen Kanal. Nach etwas mehr als einer halben Stunde verkündet der Sprecher von Irakja TV meine Entführung. Diese außergewöhnlich prompte Reaktion ist auf die italienische Agentur Ansa zurückzuführen, die fast augenblicklich Nachricht von meiner Verschleppung erhalten hat. Auf diese Weise beginnt eine Art Countdown, der erst mit meiner Befreiung enden wird.

Von diesem Moment an wird der Begriff Zeit für mich zur Obsession: die Wahrnehmung ihrer Verkürzung oder ihrer unermesslichen Ausdehnung, je nach den jeweiligen Umständen. Dass ich keine persönlichen Gegenstände mehr habe, die Uhr eingeschlossen, und nie weiß, wie spät es ist, macht mich noch orientierungsloser. Ab und zu frage ich denjenigen meiner Entführer, der sich als mein »Bodyguard« ausgibt, nach der Uhrzeit. »Warum willst du das wissen?«, erwidert er jedes Mal. Anfangs hat Hsien – so sein angeblicher Name – meine Uhr getragen, bevor auch er sich offenbar den Gefängnisgepflogenheiten unterwarf und sie abnahm, um nicht in Versuchung zu geraten, ständig darauf zu blicken. Das Zimmer, in dem ich 28 Tage lang eingesperrt sein werde, ist ohne Licht: Ein großes Fenster ist von ein paar Möbeln verstellt, um jeden – auch visuellen – Kontakt zur Außenwelt zu verhindern. Deshalb weiß ich nicht einmal, ob es Tag oder Nacht ist. Nur im Bad kann ich aus einem kleinen, hoch gelegenen Fenster den Wechsel von Sonne und Mond, Tag und Nacht beobachten. Meine Tage verbringe ich im Dunkeln.

Ich habe das Gefühl, dass die Zeit überhaupt nicht vergeht: Die Stunden, die Tage, die Nächte sind endlos. Ich schaffe es nicht einmal, zu schlafen. Wie lange werde ich noch hier eingesperrt sein? Wie kann ich vermeiden, dass ich die Zeit nicht mehr wahrnehme? Wie die Tage zählen? Mein Schal aus schwarzem Paschmina kommt mir zu Hilfe: Ich habe ihn immer bei mir, seit ich ihn in Pakistan gekauft habe, wo ich mich zu Beginn des Afghanistankriegs befand und mich auf die strenge Kälte vorbereitete. (Leider besitze ich diesen Schal heute nicht mehr: Als ich nach Hause zurückkehrte, war er nicht unter den Dingen, die man mir in dem amerikanischen Militärkrankenhaus von Camp Victory in einem schwarzen Plastiksack zurückgegeben hatte.) Der Paschminaschal hat lange Fransen und an jedem Tag meiner Gefangenschaft mache ich in einen dieser Fäden einen Knoten. Am ersten Tag habe ich vier gemacht, um daran zu denken, dass das Datum der Entführung der 4. Februar war – als könnte ich das vergessen! Ich habe auch die Zahl der möglichen Knoten gezählt: 73 auf einer Seite, 73 auf der anderen. Ich hoffe jedoch inständig, dass meine Gefangenschaft früher endet. Jeden Tag warte ich auf das, was für mich der Nachmittag ist, um einen neuen Knoten zu machen, denn meine Entführung hat gegen zwei Uhr stattgefunden. Paradoxerweise wird in einer solchen Lage Genauigkeit zur Ehrensache.

Doch wie kann man das endlose Dahinfließen der Stunden zählen? Meine einzige Hilfe ist der Muezzin einer Moschee, der fünfmal am Tag zum Gebet ruft: um 5.30, um 12.30, um 15.00, um 17.30 und um 19.30 Uhr. Manchmal scheinen die Rufe weiter entfernt zu sein, manchmal verlieren sie sich im Wind, ein Zeichen dafür, dass die Moschee nicht in der Nähe ist. Es sind die einzigen Signale, die das Verstreichen der Zeit skandieren und das ziellose Umherstreifen meines Geistes unterbrechen. Auch meine Entführer achten auf die Rufe des Muezzins. Ich höre sie im Nebenzimmer beten, vor allem morgens, wenn die Straßengeräusche noch keine Ablenkung bieten.

Die Mahlzeiten sind weniger regelmäßig und hängen offensichtlich von anderen Umständen ab. Nach meiner wiederholten Weigerung zu essen – in den ersten drei Tagen konnte ich nur Orangensaft, Tee und ein paar Kekse zu mir nehmen – verlangen die Entführer manchmal, dass ich sie um etwas zu essen bitte. Also gebe ich nach. Meistens gibt es Suppe, was mir sehr recht ist, weil die Suppen gut schmecken und mich wärmen. Außerdem bekomme ich noch Huhn und Obst. Letzteres ist mir am liebsten, weil ich es aufheben und im Lauf des Tages essen kann, so dass ich ein wenig Beschäftigung habe. Anfangs helfen auch die kleinen Mengen Tee, die nachmittägliche Monotonie zu durchbrechen, aber er ist so stark, dass ich ihn schließlich nicht mehr trinken kann – er verstärkt die Stressfolgen und mir wird übel davon. Es ist sinnlos, um weniger starken Tee zu bitten. Nur ein Mal habe ich ein bisschen heißes Wasser bekommen, um ihn zu verdünnen. Ich weiß nicht, ob diese Beschränkungen mit dem Mangel zusammenhängen oder mit dem Bedürfnis der Entführer, meinen Gefangenenstatus zu unterstreichen.

Andere Unannehmlichkeiten gehen dagegen ausschließlich auf die Tatsache zurück, dass ich während meiner Gefangenschaft die schlimmen Folgen der Besatzung mit den Irakern teilen muss, angefangen vom Fehlen grundlegender Bedarfsartikel. Als ich im Hotel gewohnt habe, habe ich mir keine Gedanken darüber gemacht, ob der Strom, der uns zur Verfügung stand, vom öffentlichen Dienst oder aus dem Generator kam. Jetzt schon. Inzwischen begreife ich die wiederholten Klagen der Iraker: »maku karaba« (kein Strom). Diese Worte sind zu einem Slogan geworden, der (am 30. Januar 2005) sogar auf die Stimmzettel geschrieben wurde, um die Wahl zu annullieren. Gleich zu Beginn gaben die Entführer mir eine Öllampe, aber davon wurde die Luft in dem geschlossenen Raum so schlecht, dass man kaum noch atmen konnte. Deshalb zünden sie die Lampe inzwischen nur noch zu den Mahlzeiten an und das auch nicht immer. Zwar sind wir nicht ganz ohne Elektrizität, aber der Strom bleibt nie länger als drei oder vier Stunden, wie ich an der Glühbirne feststellen kann, die ab und zu mein Zimmer erhellt und die ich weder ein- noch ausschalten kann. Die Entführer lassen mein Licht immer an, so dass ich manchmal, nachdem ich fast den ganzen Tag im Dunkeln verbracht habe, mitten in der Nacht überraschend von der Glühbirne geblendet werde. So wird jeder Versuch, wenigstens ein paar Stunden Schlaf zu finden, vereitelt. Zum Ausgleichen des fehlenden »karaba« ist mein Gefängnis mit einem Generator ausgestattet, aber auch meine Kidnapper müssen mit der Knappheit des Öls rechnen, das inzwischen fast ausschließlich – und manchmal nicht einmal das – und zu überzogenen Preisen auf dem Schwarzmarkt zu bekommen ist. Daher wird die Verwendung auf die Abendstunden beschränkt. Das Fehlen von Elektrizität bedeutet auch Fehlen von Wasser (das durch die Kläranlage gepumpt wird) und von Heizung, für die vorher (angesichts der lächerlichen Energiepreise) elektrische Öfen sorgten oder (wie jetzt) Kerosin, mit den üblichen Problemen, dass es schlecht riecht und nicht immer funktioniert. Weil ich sehr unter der Kälte leide, verbringe ich die Tage im Bett unter einer schweren Steppdecke. Doch als ich aufgrund der mangelnden Bewegung und des Verlusts einiger Kilos zu schwanken anfange, beschließe ich, eine halbe Stunde am Tag Gymnastik zu machen. Schließlich werde ich in dem Moment, in dem sie mich freilassen, zumindest aufrecht gehen müssen. Außerdem habe ich Zeit! Aber nicht nur das: Mich körperlich in Form zu halten ist auch eine Art, meine Würde zu bewahren.

Mein Leben als Geisel, ohne die Möglichkeit, irgendeine Aktivität wie etwa Lesen und Schreiben auszuüben, beschränkt sich zum Großteil auf die Lösung winziger, aber essentieller Probleme, wie etwa Duschen oder das Schneiden von Nägeln. Die Dusche ist oft eine Illusion und zwar nicht nur wegen der strengen Haltung meiner Bewacher. Ich ertrage kein kaltes Wasser, weshalb ich zum Duschen warten muss, bis das Wasser warm wird. Dazu ist mindestens eine Stunde kontinuierliche Stromversorgung notwendig. Manchmal gelingt es gerade, das Wasser zu erwärmen, und wenn ich dann unter die Dusche springe, geht das Licht aus; das Wasser verschwindet blitzartig und der einzige Trost, der mir alle drei oder vier Tage zugebilligt wird, ist mir verwehrt. Die banalsten Dinge werden zum Problem, wie der Gang zur Toilette, der von meinen Aufsehern zwei- bis dreimal am Tag vorgesehen ist. Deshalb versuche ich meine Körperfunktionen zu regulieren, indem ich jeden Abend sorgfältig die Menge Kräutertee mit meinen Bedürfnissen und vor allem mit der voraussichtlichen Dauer meiner Gefangenschaft abstimme. Der Kräutertee ist das einzige persönliche Gut, das ich behalten durfte. Ich habe immer ein Päckchen in der Tasche getragen, für jede Gelegenheit, auch für eine so freudlose, wie ich sie gerade durchmache. Früher hätte ich mir nicht vorstellen können, dass Nägelschneiden einmal zum Problem werden könnte. Nach ein, zwei Wochen Gefangenschaft fangen die viel zu langen Finger- und Zehennägel an zu brechen, aber ich habe keine Möglichkeit, sie zu schneiden. Meine Entführer überlassen mir keinen Gegenstand, der zur »Gefahr« werden könnte: Feuerzeug, Schere, Messer. Tagelang bitte ich erfolglos um eine Schere, bis ich irgendwann endlich einen Nagelknipser bekomme, aber nur für die unbedingt notwendige Zeit.

Der Rest ist Leere. 24 Stunden am Tag mit mir allein, mit meinen umherschweifenden Gedanken. Mit der schrecklichen Angst, den Kontakt zur Realität zu verlieren. Aufmerksam lausche ich auf jedes Geräusch. Das Haus, in dem ich gefangen gehalten werde, muss sich in einem Vorort von Bagdad befinden. Ich bin ohne Augenbinde hierher gebracht worden, dennoch würde ich die Gegend nicht wiedererkennen: Die Stadt ist riesig und mein schlecht ausgebildeter Orientierungssinn ist mir sicherlich keine Hilfe. In Bagdad kenne ich mich gerade mal mit den Hauptstraßen aus – Saadun, Raschid Street etc. –, in denen ich die meiste Zeit verbracht habe. Jedenfalls versuche ich, wo auch immer ich mich befinde, mir zur Beruhigung anhand der Geräusche die nähere Umgebung vorzustellen: Da ist das Quietschen eines vorbeifahrenden Karrens, der Ruf eines Jungen, der Brot verkauft, der Lärm von Kindern, die – nachmittags nach der Schule – auf der Straße oder in irgendeinem Garten spielen, ein Kätzchen, das in der Nähe meines Fensters miaut – oder bilde ich mir nur ein, dass es in der Nähe ist, weil ich Katzen sehr gerne mag? –, in der Kurve quietschende Reifen, ein hupender Lastwagen, der jeden Vormittag großen Radau macht, das Klopfen auf die Eisentore des Nachbarhauses oder vielleicht auch des Hauses, in dem ich mich befinde. Die Isolierung erschwert es mir manchmal, die Entfernungen einzuschätzen.

Es gibt »freundliche« Klänge und unerträgliche Geräusche, wie die der ohrenbetäubenden Generatoren, die bis spätabends angeschaltet sind und meine ohnehin schon düsteren Gedanken noch mehr trüben. Wenn sie dann endlich ausgehen, folgt das betäubende Dröhnen der amerikanischen Hubschrauber, die über den Häusern kreisen und uns manchmal fast zu berühren scheinen, als wollten sie auf dem Dach landen. In einem solchen Fall schalten meine Bewacher sofort die Lichter aus, falls sie zufällig gerade an sein sollten. Ich bezweifle, dass es der Tarnung nützt, angesichts der technologischen Geräte der Amerikaner, mit denen sie wahrscheinlich sogar Gespräche abhören können. Aber das scheint meine Entführer nicht zu beunruhigen, denn sie machen durchaus häufigen Gebrauch von ihren Handys. Ab und zu höre ich auch ein Festnetztelefon läuten, aber es geht niemand dran.

Manchmal ist der Luftverkehr so stark, dass ich denke, über uns muss es einen »Flugweg« geben. Wenn sich all das Getöse schließlich beruhigt und ich hoffe, in der Stille und der Dunkelheit, die mein klaustrophobisches Gefühl noch verstärkt, ein wenig Ruhe zu finden, dann blendet mich auf einmal wieder das gleißende Licht der Glühbirne über mir.

Nicht nur die Zeit ist eine Obsession für mich, sondern auch die Angst, das Gedächtnis zu verlieren. Zu Hause haben wir manchmal Witze über meine Vergesslichkeit gemacht, aber jetzt bin ich regelrecht besessen von dem Thema. Deshalb geht es für mich nicht nur darum, die Tage der Gefangenschaft zu zählen, sondern auch, mich an das Vergangene zu erinnern: Jeden Morgen nehme ich mir vor, mir eine Phase meines Lebens ins Gedächtnis zu rufen. Ich beginne mit den entferntesten Erinnerungen aus der Kindheit, die ich in Ossola verbracht habe: das riesige Haus der Großeltern, dann das Gymnasium am Lago Maggiore, die Universitätszeit in Mailand, die mit der 68er-Protestbewegung zusammenfiel, und schließlich meine Aktivitäten in Gruppen der politischen Linken, zunächst außerparlamentarisch, dann parlamentarisch, die mich nach Rom brachten, wo ich 1988 bei der Zeitschrift »il manifesto« landete. Für »il manifesto« reiste ich dann durch die ganze Welt, in die akutesten Krisengebiete: von Somalia nach Algerien, von Palästina nach Afghanistan und schließlich in den Irak, das erste Mal 1990 und dann wieder ab 2003. Ich versuche meine sieben Irakreisen zu rekonstruieren, weil ich annehme, dass meine Entführer mich darüber ausfragen werden. Ich versuche mich an Namen und Orte zu erinnern, eine Übung, die verhindern soll, dass meine Gedanken zu sehr den Alpträumen ausgeliefert sind – was ich aber trotzdem nicht verhindern kann.

Es sind nicht die Tage, sondern die Wochen, die meine Zeit in der Gefangenschaft in Abschnitte teilen: Am Freitag, einem Feiertag, bin ich verschleppt worden und bis zum darauf folgenden Freitag ist nichts Wesentliches passiert. Ich verharre in Erwartung eines Verhörs, das man mir angekündigt (angedroht?) hat, das aber niemals stattfindet. Am Samstagmorgen, mit Beginn der neuen Woche, lassen sie mich das »aufwühlende Video« aufnehmen. Dann noch eine Woche des Wartens und am nächsten Samstag, dem 19. Februar – dem Tag der Demonstration in Rom –, bitten sie mich, einen Brief an meine Familie zu schreiben, mit einem Teil, den ich Pier widme. Er wird zusammen mit meiner Uhr losgeschickt. Dieser Beweis, dass ich noch lebe, ist es, der die ganze folgende Woche in mir Hoffnungen und Fantasien über Verhandlungen nährt. Und dann nichts Neues bis zum Sonntag, an dem ich, kurz nach dem Aufwachen, ein Goldkettchen geschenkt bekomme. Das wird ein Zeichen dafür sein, dass die Verhandlungen gut laufen, denke ich. Am Nachmittag ein neues Video: »Für uns ist die Sache damit geklärt«, sagen sie zu mir und ich glaube ihnen. Die Atmosphäre, in der das neue Video gedreht wird, ist vollkommen anders: Ich muss meinen Entführern für die gute Behandlung danken, zu meinen Seiten stehen zwei Mudschaheddin, schwer bewaffnet mit Kalaschnikow und Koran. Eine Erklärung, die zu Beginn des Videos vorgelesen wird, beunruhigt mich am meisten. Vergeblich versuche ich, ihren

Sinn zu verstehen, bin jedoch viel zu aufgeregt. »Morgen oder später kannst du nach Rom zurückkehren«, sagen sie zu mir.

Also nur noch ein oder zwei Tage? Stattdessen folgt die längste Woche der Gefangenschaft. Erst am Freitag wird mir, nach dem letzten Gebet (um 19.30 Uhr), die unmittelbare Abfahrt angekündigt. Es ist spät, ich habe nicht mehr damit gerechnet, jedenfalls nicht an diesem Tag. Ein paar Stunden zuvor habe ich noch gefragt, warum sie mich nicht freilassen: »Es sind noch nicht alle Probleme deiner Überführung gelöst«, haben sie mir geantwortet. Dann die plötzliche Ankündigung. Meine Zeit erlebt eine heftige Beschleunigung und anschließend eine erneute Verlangsamung, während des langen Wartens auf meine »Befreier«. Dann die Fahrt zum Flughafen, die mit dem »Friendly Fire« der Amerikaner ein jähes Ende findet.

Meinem Gefühl nach sind die Uhrzeiger plötzlich gerannt, während sie sich für die Iraker kontinuierlich zurückdrehen.

Es war das siebte Mal seit Beginn des Krieges 2003, dass ich nach Bagdad zurückkehrte, und jedes Mal hatte sich die Lage im Vergleich zum vorangegangenen Mal verschlechtert. Und zwar in jeder Hinsicht: Sicherheit, Arbeit, Alltag, Situation der Frauen.

Auch für die Iraker hat sich die Zeit gedehnt. Eine Verabredung in Bagdad ist zu einem Glücksspiel geworden. Von den Sicherheitsproblemen hängt ab, wann man auf die Straße geht – wenn möglich verlässt man das Haus nicht vor zehn Uhr, der Stunde der Autobomben – und wann man das Auto benutzt: Die Kinder werden bis zum Schultor begleitet, zum Schutz vor Attentaten und Entführungen. Wer ein

Transportmittel hat, vermeidet es, zu Fuß zu gehen, auf die öffentlichen Verkehrsmittel ist überhaupt kein Verlass. Zu Saddams Zeiten war der Import von Autos stark beschränkt, weshalb nach seiner Entmachtung die Zahl der Autos um eine Million gestiegen ist.

Die weiten Straßen und die Schnellstraßen von Bagdad sollten im Grunde in der Lage sein, die Verkehrszunahme zu bewältigen, würden die Hauptverkehrsadern nicht immer wieder plötzlich durch amerikanische Absperrungen blockiert. Sie führen zu schrecklichen Staus, aus denen man nur schwer wieder herauskommt. So gibt es unter anderem Leute, die mangels Kontrollen einfach auf die Gegenspur fahren, um aus dem Stau herauszufinden. Zum Autofahren braucht man jedoch zunächst Benzin, und wer es sich nicht leisten kann, es auf dem Schwarzmarkt zu kaufen, muss Tage und Nächte vor den Tankstellen verbringen und auf Nachschub warten.

Sicherlich hat auch die hohe Arbeitslosigkeit – angeblich über 80 Prozent – das Leben der Iraker verändert. Sogar die Heiraten sind zurückgegangen: Sie kosten zu viel, mindestens 2000 Dollar, wie Hsien, mein »Bodyguard«, behauptet. Ich erinnere mich dagegen noch an den explosionsartigen Anstieg von Hochzeiten zu Beginn der Kriege, nicht nur des letzten, sondern auch desjenigen von 1991. Auch damals war ich in Bagdad und staunte über die Zahl der Vermählungen: Man sah die zukünftigen Ehepaare in den großen Hotels, in denen sie ihre erste gemeinsame Nacht verbrachten. Sie wurden mit viel Rummel von den Verwandten sowie von Trommlern und Sängern und dem typischen »you you«-Gesang der arabischen Frauen bis zur Zimmertür begleitet. Der ganze Rummel war allerdings kein Zeichen für Euphorie, wie in den traurigen Gesichtern der Eheleute deutlich zu sehen war. Eher machte es die unmittelbare Bedrohung durch den Krieg notwendig, einen Ehemann zu finden, um der Notlage entgegenzutreten. Das größte Glück hatten diejenigen, die ins Ausland gehen und sich so den Beschränkungen entziehen konnten, die Saddam in seinen letzten Jahren eingeführt hatte: Danach durften Frauen unter 45 Jahren nur in Begleitung eines männlichen Verwandten das Land verlassen. Die Dringlichkeit, angesichts des bevorstehenden Krieges einen Ehemann zu finden, verstärkte auch die Tendenz, innerhalb seiner eigenen Volksgruppe zu bleiben. Dadurch nahmen die Heiraten unter Blutsverwandten zu und somit auch die Verbreitung von Erbkrankheiten. Die neuen Spaltungen der verschiedenen Gruppierungen und Ethnien im Irak verschärfen diese Probleme noch.

In meinen Gesprächen mit Irakern vor meiner Entführung wurden nicht selten Gegenwart und Vergangenheit verglichen. Kriege, Repressionen, Embargos erschwerten das Leben im Irak schon seit Anfang der achtziger Jahre, doch mit der Ankunft der Amerikaner hat sich die Situation weiter verschlechtert. »Zu Saddams Zeiten war es besser«, sagen die Iraker inzwischen, auch diejenigen, die die blutige Repression erlebt haben. Es ist sicher nicht leicht, einen Vergleich mit den Zeiten der blutigen Diktatur des Rais anzustellen. Doch zweifellos ist eine weitere Generation verloren.

3. Leben – Tod

Zwischen Leben und Tod schweben. Abwechselnd Hoffnung und Verzweiflung, Illusionen und Enttäuschungen. 24 Stunden lang allein mit meinen Gedanken, fürchte ich manchmal, verrückt zu werden. Alles, was mich während der Gefangenschaft umgibt, egal ob wirklich oder eingebildet, interpretiere ich als Botschaft entweder des Lebens oder des Todes. Ich sortiere jedes Geräusch aus, ich analysiere jedes Verhalten, jeden Blick. Und wenn meine Gedanken mit dem Tod spielen, habe ich manchmal das Gefühl, mich tatsächlich vom Leben zu lösen: Ich spüre plötzlich meinen Körper nicht mehr, als wäre er vom Geist getrennt. Ich fange an, mich von außen zu beobachten. Doch dieses Gefühl hat nichts Transzendentales, eher ist es ist wohl eine Verteidigungsstrategie: Vielleicht brauche ich es, um den Tod auszutreiben, oder es ist ein Versuch, aus dem dunklen Zimmer zu fliehen, in dem mein Körper gefangen ist. Nach einigen Minuten aber ändert sich dieses Gefühl, es wird noch unangenehmer. Wenn ich mich dann mit einem Mal schüttle, spüre ich eisige Kälte an den Füßen, beginne ich, meinen Körper Stück für Stück wieder zu fühlen. In diesen Augenblicken finde ich es sogar beruhigend, wenn ich auf einmal, in einen Berg von Decken gewickelt, zu schwitzen anfange: Ich bin am Leben. Und ich bin immer noch eine Gefangene, auch eine Gefangene meiner Gedanken, die zwischen Pessimismus und Optimismus schwanken, zwischen Tod und Leben.

Zu Beginn überwiegt die Angst, getötet zu werden: Meine Wärter zeigen mir stets ihr Gesicht, das macht mir Angst, dass sie mich nicht lebendig von hier weggehen lassen werden. Dauernd sage ich mir: »Offensichtlich haben sie schon beschlossen, mich umzubringen, sonst wären sie nicht so unvorsichtig.« Die Anschuldigungen, die sie dann erheben, ich könnte eine Spionin sein, verstärken meine Überzeugung nur noch. Wurde Enzo Baldoni nicht genau unter diesem Vorwand ermordet? Das haben jedenfalls die zwei dort mitgefangenen französischen Journalisten angedeutet. Und wie soll ich das Gegenteil beweisen? »Sie (damit meinen sie ihre Chefs) haben alle Mittel, um es nachzuprüfen«, behaupten meine Gefängniswärter. Diese Behauptung beruhigt mich nicht, aber wenn es wirklich so ist, dann werden sie herausfinden, dass ich keine Spionin bin, also muss ich nur warten.

Mein Leben hängt an einem seidenen Faden, das kleinste Missverständnis, egal welcher Art, kann den Faden zum Reißen bringen. Das Warten ist nervenzerrüttend: Ich habe tagelang darauf gewartet, dass sie mich verhören kommen, und mein Gedächtnis mit dem Versuch gequält, an alle Gegenstände zu denken, die ich bei der Entführung in der Tasche hatte, die Telefonnummern, die Adressen, die Notizen, die Akkreditierungen. Und mit dem Versuch, eine Begründung, eine Rechtfertigung zu finden. Dann bin ich in Gedanken alle meine Reisen in den Irak durchgegangen, insgesamt sieben seit Februar 2003. Wo bin ich überall gewesen? Bagdad,

Basra, Mosul, Nassirija, Kirkuk, Kerbala, Nadschaf … Die Bilder überlagern einander, ebenso die Namen und die Gesichter. Ich denke an meine erste Ankunft in Bagdad zurück, an die Zeit, als ich über einen Monat lang zusammen mit den Irakern in der Hoffnung – oder in der Illusion – lebte, dass der Krieg vermieden werden könnte. Während jedoch die Frist des Ultimatums immer näher rückte, riefen die von den 13 Jahren Krieg – dem Krieg gegen den Iran und dem Ersten Golfkrieg – und vom Embargo erschöpften Menschen resigniert: »Wenn es Krieg geben muss, dann soll er jetzt ausbrechen, damit er schnell zu Ende geht.« Das Warten ging an die Substanz, es nahm einem jede Energie. Genau wie jetzt: »Wenn sie mich umbringen müssen, dann lieber sofort.«

Es war die gleiche Zeit im Jahr. Damals waren es die Sandstürme, die das Vorrücken der Truppen verlangsamten. Ob es im Moment diese Sandwinde gibt, die die Luft mit einem ockerfarbenen Staub füllen, der bis auf wenige Meter Entfernung die Sicht versperrt und bis in die Knochen dringt, weiß ich nicht. Ich kann nur wahrnehmen, ob es draußen windig ist, indem ich das Geräusch des Papiers in einem Holzrahmen höre, das eine Öffnung in der Wand abdeckt; da war früher wohl mal eine Klimaanlage, die von einem Ventilator an der Decke ersetzt wurde. Manchmal bringt mich dieses flatternde und raschelnde Papier in Versuchung: Ich möchte probieren, es zu zerreißen, um zu sehen, ob dann der ganze Rahmen zusammenbricht. Er macht einen recht instabilen Eindruck. Diese Versuchung haben auch meine Wärter vorausgesehen und mir befohlen, die Abdeckung nicht zu berühren. Aber ich könnte sowieso niemals fliehen, auch wenn sich dort ein Durchgang öffnen würde. Meine Wärter schauen beim ersten Geräusch herein, schon wenn ich nur die Schranktür aufmache. Ich habe keine Chance. Wenn ich einen Fluchtversuch unternähme, würden sie mich sofort wieder einfangen, oder schlimmer, sie würden mich töten. Ich denke nicht ernsthaft an Flucht, diese Gedanken helfen mir nur, mit dem Kopf für einige Minuten aus dem Gefängnis zu fliehen, aus diesem Gefühl von Klaustrophobie, das jedes Mal stärker wird, wenn sich der Schlüssel im Schloss dreht und meine Isolierung vom Rest der Welt deutlich macht. Die Enttäuschung ist noch schmerzvoller, wenn ich, was selten geschieht, einschlafe und träume, irgendwo in der Welt und frei zu sein … das Erwachen im Gefängnis ist entsetzlich! In diesen Momenten bin ich total verzweifelt. Manchmal wünsche ich mir sogar, dass eine Bombe – egal ob von Terroristen oder Amerikanern – diese Wand zerfetzte, die mich von der Welt trennt.

Doch die Momente größter Angst erlebe ich, als das Ultimatum des Dschihad abläuft. Die Forderung gleich nach meiner Entführung und das Ultimatum an den italienischen Ministerpräsidenten Silvio Berlusconi lautet: »Wenn Sie nicht bis Montag den Rückzug der Truppen anordnen, töten wir sie.« Ich höre es am Sonntagabend zufällig, in einer Nachrichtensendung von Euronews, der einzigen, die während der Gefangenschaft an meine Ohren dringt, abgesehen von der Bekanntgabe meiner Entführung im irakischen Fernsehen. In dem Augenblick schwindet jede Hoffnung. Meine Entführer versuchen vergeblich, mich davon zu überzeugen, dass die Forderung vorgetäuscht sei, dass sie nicht zum Dschihad gehörten, dass sie keine Killer seien, dass sie mich nicht umbringen wollten. Unmittelbar nach diesem Stich ins Herz verkrieche ich mich in mein Zimmer. Den Schlüssel, der sich im Schloss dreht, empfinde ich in dem Augenblick fast als beruhigend: Bis zum nächsten

Abend wird nichts geschehen, tröste ich mich. Ich muss nur warten. Ich habe nicht viele Hoffnungen. Ich denke an Margaret Hassan, eine Frau meines Alters, die mit einem Iraker verheiratet ist. Ich hatte ein Paar Tage vor meiner Entführung mit ihrem Mann gesprochen, wir wollten uns treffen. Wir haben es nicht mehr geschafft. Margaret hatte in einem dramatischen Appell an den britischen Premier Tony Blair die Zurücknahme der Truppen gefordert, vergebens. Genauso nutzlos wäre ein ähnlicher Appell an Silvio Berlusconi. Margaret wurde nicht verschont, obwohl sie sich seit Jahren – zuletzt als Helferin bei der NGO Care International – stark für das irakische Volk engagiert hatte. Warum sollten sie mit mir anders umgehen?

Am Montagabend, dem letzten Tag des Ultimatums des Dschihad, beobachte ich aufmerksam Hsiens Gesicht: Er scheint mir verändert, beunruhigt, er entzieht sich meinem Blick. Vielleicht weil er es ist, der mich, zusammen mit Abbas, töten soll? Und wie werden sie es tun? Ich hoffe, dass sie mir, da ich eine Frau bin, zumindest die Enthauptung ersparen. Sie werden die Pistole benutzen, denke ich, vielleicht mit einem Kissen darauf, um keinen Lärm zu machen. Als ob ein Pistolenschuss in Bagdad jemandem auffiele! Das Warten ist unerträglicher denn je. Ich halte es nicht mehr aus und klopfe heftig an die Tür. Als meine Wärter erscheinen, empfange ich sie schreiend: Ihr wollt mich umbringen, ich weiß es, ich lese es in euren Gesichtern! Sie schauen mich sprachlos an. Ihr Staunen und ihre Unsicherheit erscheinen mir wie eine Bestätigung. Es gelingt ihnen nicht, mich zu beruhigen, sie schlagen mir vor fernzusehen. Sie erlauben mir sogar, in das Zimmer zu gehen, das sie bewohnen, und ich kauere mich, nachdem ich ein wenig aufgeräumt habe, in einen Sessel. Im Fernsehen läuft ein amerikanischer Kriegsfilm. Ich könnte nicht sagen, um welchen Film es sich handelt, ich sehe nur Soldaten, Waffen, Schüsse, Bilder des Todes, die meiner Angst weitere Nahrung geben. Es ist ja auch gleichgültig, wenn ich in meine Höhle zurückkehre und warte. Warum haben sie sich so entgegenkommend gezeigt? Vielleicht nur um mir einen letzten Wunsch zu erfüllen. Die letzte Zigarette für die zum Tode Verurteilte! Aber hier raucht niemand. Gewöhnlich stehen meine Kidnapper um fünf Uhr auf, rechtzeitig, um sich für das 5.30-Uhr-Gebet (al-fadschir) vorzubereiten. Manchmal kommt einer von ihnen und kontrolliert mein Zimmer. An diesem Dienstagmorgen höre ich sie beide kommen, sie öffnen plötzlich die Tür und stürzen herein. Ich springe im Bett hoch. »Da sind sie, es ist so weit«, denke ich resigniert. Aber sie fragen nur: »Bist du wach?« Dann gehen sie weg und schlagen die Tür wieder zu. Diese Nacht war die längste in meinem ganzen Leben!

Es ist nicht der erste Augenblick, in dem ich fürchte, getötet zu werden, aber der Gedanke, dass mein Lebensfaden reißen würde, ist so konkret wie nie zuvor. Wenn ich an den Tod denke, versuche ich ihn zu vertreiben, indem ich meinem vergangenen Leben einen Sinn gebe. Während ich mein ganzes Leben Tag für Tag durchgehe, denke ich an Freunde und Gefährten zurück, die ich schon seit Jahren aus den Augen verloren habe, von denen ich viele nach meiner Rückkehr auf den Fotos der Demonstrationen für meine Befreiung wiedergefunden habe, die mir Nachrichten übermittelt haben, die ich persönlich getroffen habe. Ich denke im Besonderen an die Zeit unserer Aktivitäten für den Frieden Anfang der achtziger Jahre, als wir dachten, das Mittelmeer wäre das Herz des Problems und man würde deshalb beginnen, die stärksten Waffen (die Nuklearraketen) in

Comiso im Süden unseres Landes aufzustellen. Aus dem Grund hatten wir italienische Pazifisten – sowohl gegen amerikanische wie gegen sowjetische Raketen antretend – vor allem im Mittelmeerraum mit Spaniern, Jugoslawen (damals gab es noch ein geeintes Jugoslawien), Algeriern und Griechen Verbindungen geknüpft. Es war eine sehr wichtige Zeit in meinem Leben, die meine politische Bildung und vor allem die Entwicklung eines pazifistischen Bewusstseins bestimmte.

Die Erinnerungen an jene Jahre drängen sich in meinem Kopf zusammen. Aber während meiner Gefangenschaft denke ich vor allem an die Gefährten jener so wichtigen politischen und menschlichen Erfahrungen, die nicht mehr da sind: Der Spanier Josep Palau ist vor einigen Jahren gestorben, Sergio aus Sarajewo ist während des Balkankriegs auf dem Weg nach Ungarn einem Verkehrsunfall zum Opfer gefallen. Die jüngste Wunde war der plötzliche Tod von Tom Benetollo, dem Präsidenten des ARCI. Er ist im Juni 2004 gestorben, während ich in Bagdad war, und die Tatsache, dass ich die Trauer um seinen Tod nicht mit anderen teilen konnte, hat es mir unmöglich gemacht, den Verlust dieses Menschen zu verarbeiten. Jetzt suggeriert mir die Erinnerung an diese Freunde den Abschluss einer gemeinsamen Erfahrung. In diesem Kontext findet mein mögliches Ende seinen »Platz«, wenn auch keine Rechtfertigung, und hilft mir, meinem bevorstehenden Tod einen Sinn zu geben.

In der Erinnerung an mein Umherreisen durch die Welt tauchen die Gefahren wieder auf, denen ich entronnen bin: Ende 1992, unmittelbar vor der Ankunft der ausländischen Truppen in Somalia, war es mir und drei anderen Kollegen gelungen, mit der kleinen alten Cessna eines italienischen Söldners von Nairobi aus Mogadischu zu erreichen. Das

Flugzeug musste den Wolken ausweichen, um nicht auseinander zu brechen. Der Flughafen der somalischen Hauptstadt war wegen der Kämpfe zwischen den verfeindeten Bevölkerungsgruppen geschlossen, aber wir durften als Erste landen, weil der Söldner gute Verbindungen zu den somalischen Kriegsherren hatte. In Mogadischu anzukommen ist – abgesehen von den Reisen mit Militärmaschinen – immer ein gefährliches Unternehmen, besonders wenn man auf dem kleinen, 50 Kilometer von der Stadt entfernten Flughafen landet. Dieser ist immer in Funktion, um Qat zu transportieren, die sanfte Droge, mit der beträchtliche Summen verdient werden. Es muss das Jahr 1996 gewesen sein, während der Auseinandersetzungen zwischen den zwei größten Parteien in Kurdistan – unter Führung von Taliban und Barzani, die jetzt im Irak in der Regierung sitzen –, als ich mich abends in Schalaklava befand. Niemand wollte mich bis Salaidin bringen, wo ich erwartet wurde, weil eine Art nicht offiziell erklärter Ausgangssperre herrschte. Am Ende fand ich doch eine Reisemöglichkeit, ohne zu sehr an meine Sicherheit zu denken. Einige Jahre früher, 1991, hatte ich in Haqqari an der Grenze zwischen der Türkei und dem Iran festgesteckt, wohin Kurden nach dem Ersten Golfkrieg vor Saddam geflohen waren. Die Cholera war ausgebrochen und ich fand nicht einmal einen Platz zum Schlafen; am Ende verbrachte ich die Nacht in einer Spelunke, ohne ein Auge zumachen zu können. Und dann der unglaubliche Unfall in der Nähe von Masar i Scharif (2002 in Afghanistan): Das Auto war in voller Geschwindigkeit in ein Loch gefahren, und nachdem ein Reifen geplatzt war, flog es von der Straße, mitten in der Wüste; zum Glück gab es dort keine Mine. Der Wagen überschlug sich mehrmals und wurde zu einem Schrotthaufen, aber wir – ich, der Übersetzer und der Fahrer – waren wie durch ein Wunder heil entkommen. Und dann die abenteuerlichen Zwischenfälle während der Massaker der bewaffneten islamischen Gruppen in Algerien! Aber auch in Bagdad war ich schon am 8. April 2003 von einer Gruppe arabischer Fedajin entführt worden, die mich für eine Spionin hielten. Das Eingreifen eines irakischen Offiziers hatte mich gerettet. Ein Schrecken, dem gleich ein weiterer folgte, als ich ins Hotel zurückkehrte und ein Kanonenschuss genau die Etage des Hotel Palestine traf, in der ich gerade einigen Kollegen von meinem unglücklichen Erlebnis berichtete.

Ich habe stets die Gefahren bagatellisiert, auch wenn ich nie das Schicksal herausgefordert habe. Ich habe immer das Risiko eingerechnet, doch jetzt nehme ich es plötzlich anders wahr. Als wären meine Chancen zu entkommen aufgebraucht.

Doch kann der Tod einen Sinn haben? Alle Versuche, ihn zu vertreiben, werden unmöglich, wenn ich an die denke, die mich lieben. An Pier, an meine Familie. Also konzentriere ich mich auf Nachrichten, die ich für sie hinterlasse, falls mein Tod beschlossen wird. Meine Gefängniswärter werden doch nicht so grausam sein und mir verbieten, letzte Worte zu hinterlassen, denke ich. Ich habe nichts, worauf ich schreiben kann, deshalb meißle ich die Worte in mein Gedächtnis ein. Ich denke an meine kleine Nichte Sofia, neun Jahre alt, mit der ich später, wenn sie älter ist, auf Reisen gehen will. Ich würde ihr schreiben: »Sofia, ich hätte mit dir so viele Reisen machen wollen, aber leider ist meine Reise schon zu Ende …« Nach meiner Rückkehr wollte Sofia viele Tage lang nicht mit mir reden. Sie stand unter Schock, vor allem wegen der Belagerung durch die Journalisten, auch ohne die Bilder meiner Entführung im Fernsehen gesehen zu haben. Sobald sie meinen Namen hörte, verkroch sie sich in eine Ecke und weinte.

Ich wollte auch verfügen, dass man mich mit der Friedensfahne begraben sollte, der Fahne mit der arabischen Schrift »salam«, die mir meine algerische Freundin Kerifa geschenkt hat. Wer weiß, ob Pier sich daran erinnert, wo ich sie hingelegt habe? Aber jetzt weht diese Fahne auf meiner Terrasse an Stelle der Fahne, die wir vor dem Krieg aufgehängt hatten und die dann in Stücke gerissen wurde.

Dann plötzlich rebelliere ich gegen die Todesgedanken: Wenn sie mich umbringen, werde ich den Tod auf mich nehmen, wie er auch kommen mag. Um das, was danach ist, sollen die anderen sich kümmern. Ich will lieber »positiv« denken. Also versuche ich mir vorzustellen, was ich nach meiner Rückkehr tun werde: zuallererst Urlaub machen. Mit Pier hatte ich schon für März eine Woche Urlaub am Roten Meer gebucht und wir wären dabei geblieben, wenn man nicht gleich nach der Freilassung auf mich geschossen hätte. Dann werde ich mir irgendwoher Katzen besorgen, ich vermisse meine drei Katzen, die vor kurzem, eine nach der anderen, an Altersschwäche gestorben sind. Auch sie haben mich die letzten 20 Jahre meines Lebens begleitet. Das Kätzchen, das draußen vor meinem Fenster miaut, leistet mir zwar Gesellschaft, aber es weckt in mir auch eine große Sehnsucht nach Mizzi, Mozzi und Saba! Außerdem werde ich weiterhin reisen, für die Arbeit und zum Vergnügen. Auch die Reisen während der Ferien mit Pier – während der Gefangenschaft versuche ich ihre Etappen zu rekonstruieren – sind immer eine Suche, eine Entdeckung, eine Überprüfung meiner täglichen Arbeit. Das werden sie weiterhin sein, von Afrika nach Lateinamerika über den Mittleren Osten.

Ich werde auch viel zu schreiben haben: über die Begegnungen der Tage vor der Entführung und über meine Gefangenschaft. Auch wenn es schwer ist, sich vorzustellen, wie mein Leben nach dieser Erfahrung sein wird, ist mir bewusst, dass es anders sein wird. Ich habe die Gelegenheit gehabt, lange über persönliche Beziehungen, über Liebesgefühle, über Fehler, über Prioritäten nachzudenken. Während meine Gefühle sich vom extremen Pessimismus zum Optimismus hin bewegen, versuche ich mir vorzustellen, wie ich aus meinem Gefängnis herauskommen werde. Ich ahne, dass Verhandlungen laufen, nachdem ich einen Brief, einen »Lebensbeweis« schreiben sollte, der mit meiner Uhr verschickt wurde. Meine Entführer bestätigen das, berichten mir von einem vielreisenden »business man«, der als Vermittler dienen soll. Aber wie werden diese Verhandlungen ausgehen? Ich versuche, die Gemütslage meiner Wärter zu analysieren, um mir ein Bild zu machen. Manchmal sind sie ruhiger, manchmal nervöser. Vielleicht laufen die Dinge schlecht, was werden sie wohl für meine Entlassung verlangen? Geld? Wie viel? Oder ist ihr Ziel politisch, sicherlich ist ein politisches Ziel dabei, aber haben sie ausschließlich politische Ziele? »In Italien hängen überall Fotos von dir. Jetzt bist du berühmt, wir haben dich berühmt gemacht«, sagt mir ab und zu Abbas mit zufriedener Miene. Ich muss wohl nicht erwähnen, dass es mir lieber gewesen wäre, anonym zu bleiben oder nur für das berühmt zu sein, was ich schreibe, nicht als Geisel. Wie diese Berühmtheit mein Leben ändern würde, wird mir erst nach der Freilassung bewusst werden.

Was geschieht jetzt in der Realität außerhalb meines Zimmers? Was geschieht in Italien? Ich denke an den Appell an Pier, auch wenn er, wie Hsien meint, nicht einmal gesendet worden ist. Der Gedanke beruhigt mich, es ist besser, wenn man mich nicht in dem Zustand gesehen hat! Aber mit Sicherheit rühren sie sich: Außer den Fotos gibt es laut Abbas Demonstrationen (»Menschen auf den Straßen und Plätzen: Giuliana ja, Berlusconi nein«, so fasst er zusammen), aber ich kann die Bedeutung dieser Demonstrationen nicht einschätzen. Natürlich engagiert sich Pier für meine Befreiung und mit ihm die Genossen des »manifesto«. Wie stark sie sich engagieren, werde ich erst nach der Rückkehr herausfinden. Auch ihr Leben hat sich wohl geändert, stelle ich mir vor. Aber mein geschlossenes und dunkles Zimmer setzt meiner Vorstellungskraft Grenzen.

Abbas ist offenbar zufrieden, wenn er mir von den Kundgebungen berichtet. Ich habe ihn nie so begeistert gesehen wie in dem Augenblick, als er kommt, um zu erzählen, dass die Kapitäne der Fußballmannschaften mit der Schrift »Befreit Giuliana« auf dem Trikot zum Spiel angetreten sind. Er ist ganz aufgeregt: »Kannst du dir das vorstellen? Totti, ausgerechnet Totti?« Für einen Fan von AS Rom wie ihn ist es das Höchste. Ich sage ihm beiläufig – mehr um ihn zu provozieren als aus Überzeugung, da ich eigentlich nie ein Fußballfan war und nichts davon verstehe –, dass ich Juventus lieber mag. Abbas ist enttäuscht, aber er verzichtet nicht darauf, mir gegenüber das Können seines Lieblingsspielers zu verherrlichen. Seine Euphorie steckt mich an, wenn auch in bescheidener Form. Die Sprache des Fußballs funktioniert. Das ist die wahre Globalisierung, wenn sie sogar meine Entführer begeistert und alle ideologischen Gegensätze überwindet.

Die Tage vergehen im hin- und herschwankenden Rhythmus der Stimmungen. Pessimismus und Optimismus wechseln einander ab, während ich auf die Ergebnisse der Verhandlungen warte. Hauptsache, sie unterbrechen sie nicht, denke ich. Nach dem ersten Video kommt der Brief als »Lebensbeweis«, dann eine unerwartet von Hsien auf Kassette aufgenommene Botschaft (normalerweise sind meine Gefängniswärter beim Drehen der Videos oder beim Abfassen der Briefe nicht anwesend), ohne Rücksicht auf die Tatsache, dass meine Stimme Verse aus dem Koran löscht. Diese Nachricht – sagt ein mit weiß-roter Kufija und kakifarbenem Qamis bekleideter Mann, der ihn begleitet – soll per Satellitentelefon nach Italien gesendet werden. Das Verfahren scheint mir etwas eigenartig, aber ich messe der Sache keine große Bedeutung bei. Ich erwarte am Anfang jeder Woche irgendeine Neuigkeit, dabei lassen sie mich die »telefonische« Botschaft ungewöhnlicherweise am Freitag aufnehmen und nehmen somit eher auf das italienische Wochenende als auf den islamischen Kalender Rücksicht.

Der Samstag vergeht im vergeblichen Warten auf neue Botschaften. Die Botschaft trifft am Sonntagvormittag ein: Nach dem Aufstehen, als ich aus dem Badezimmer komme, überreichen mir meine Wärter ein Etui aus rotem Samt, das ein Goldkettchen enthält. Ich schaue es erstaunt an. »Der Businessman schickt es dir«, sagt mir Hsien. »Unser Chef«, fügt der andere hinzu.

Man sieht, dass Hsien verlegen ist: Er ist wohl nicht daran gewöhnt, Frauen Schmuck zu schenken. Einmal hat er mir gesagt, dass er heiraten will, er hat es aber bis jetzt nicht tun können, weil ihm die für die Hochzeit nötigen 2000 Dollar fehlen! Ich zeige mich dankbar für das Geschenk, indem ich mir, wozu sie mich wortlos auffordern, die Kette um den Hals lege. Ich halte das Geschenk für ein positives Zeichen: »Sie werden mir doch nicht ein Goldkettchen schenken, wenn sie vorhaben, mich zu töten!« In der Tat höre ich nach einigen Stunden, am Nachmittag, Bewegungen im Nebenzimmer, ein Rasseln von Gegenständen aus Eisen, die sich später als Kalaschnikows erweisen. Ich versuche zu erraten, worum es geht, als jemand in mein Zimmer eindringt und mich auffordert, meine Kleider für eine neue Videoaufnahme anzuziehen. »Für uns ist die Sache gelaufen, wir müssen nur ein letztes Video aufnehmen und morgen oder später gehst du nach Rom«, sagen sie mir. Es beginnt mit einem Hin- und Herrücken von Tischen und Obstkörben, um die Szene der neuen Aufnahme vorzubereiten. Ich bin verwirrt. Ich weiß nie, ob ich ihren Worte glauben soll oder ob es nur eine Inszenierung ist. Doch ich habe keine Wahl, ich muss den Befehlen gehorchen. Sie bringen mich ins andere Zimmer, weil da mehr Platz ist. Ich soll mich kämmen, diesmal besorgen sie mir einen Spiegel. Das Antlitz, das mir entgegenblickt, ist wirklich nicht umwerfend, doch immerhin kann ich mich sehen. Bis jetzt hatte ich nur die Möglichkeit, mich in dem Schatten zu spiegeln, den die Glühbirne auf die Wand wirft, um mir meine Gesichtszüge in Erinnerung zu rufen. Ich habe keine Zeit für viele Überlegungen: »Du musst sagen, dass wir dich nicht misshandelt haben, dass wir dich respektiert haben, zeig das Goldkettchen, das wir dir geschenkt haben (jetzt verstehe ich) …« Das Ganze im Sitzen, an einem Tisch voller Obst und Getränke, mit dem Etui meiner Kette darauf, gemäß der traditionellen arabischen Choreographie. Ich könnte beruhigt sein, wären an meiner Seite nicht die zwei Mudschaheddin in Kampfuniform mit je einer Kalaschnikow in der Hand, einer sogar mit dem Koran. »Mach dir keine Sorgen«, wiederholen sie, als sie meine Unruhe bemerken, »morgen oder danach gehst du nach Rom.« »Wirklich?«, frage ich und schaue dem Krieger zu meiner Rechten in die Augen – der einzige unbedeckte Teil seines Körpers. »Moslems lügen nicht«, antwortet er auf Englisch und mit einem durchbohrenden Blick. Ich bin gar nicht beruhigt, erst recht nicht, als er vor meinem »Auftritt« eine Proklamation verliest, die mit den üblichen Anrufungen an Allah beginnt. Ich bin so aufgeregt, dass ich nicht einmal die Worte verstehe, die ich eigentlich kenne. Ich höre nur, dass mein Name genannt wird, und fürchte, dass der Text nicht einen Abschied, sondern die Bedingungen für meine Entlassung enthält. Es fällt mir schwer, bei der Aufzeichnung ruhig zu bleiben, auch weil die Anweisungen an mich widersprüchlich sind.

Danach bleibt mir nichts anderes übrig, als zu warten. Meine Ängste werden weiter genährt, als ich am Montag zu einer weiteren Aufnahme aufgefordert werde, diesmal für die telefonische Übermittlung. Hsien kommt in mein Zimmer und sagt mir, ich soll eine an meine Familie gerichtete Nachricht sprechen, in der ich das Datum nenne (wie beim ersten Mal), aber er erklärt mir nicht genau – vielleicht weiß er es auch nicht –, was ich sagen soll. Diese Aufforderung erscheint mir nach der Videoaufnahme des Vortages seltsam. Ich vermute, dass etwas dazwischengekommen ist. Ich rebelliere, gebe aber dann nach und beteuere, dass ich zum letzten Mal zu einer solchen Aufnahme – wie geheim und ohne jede Erklärung – bereit bin. Hsien, der diesmal allein da ist, akzeptiert zögernd meine Bedingung.

Der Montag und der Dienstag vergehen, ohne dass es ein Anzeichen dafür gäbe, dass sie ihr Versprechen, mich nach Rom zurückzuschicken, wahr machen. Entsprechend sehe ich wieder schwarz: Irgendwas muss schief gelaufen sein, vielleicht sind die Verhandlungen gescheitert, irgendein Zwischenfall im letzten Moment. Ich bitte meinen »Bodyguard« um Informationen, aber seine vagen Antworten verstärken nur meine Angst. Am Mittwochabend herrscht bis spät in die Nacht ein ständiges Kommen und Gehen. Mobiltelefone klingeln. Ich höre wiederholt das Wort »futur«, das Abendessen, welches das Fasten im Ramadan bricht. Wir sind nicht im Ramadan, aber ich denke, dass vielleicht am nächsten Tag zur Abendessenszeit etwas geschehen wird. Nichts. Am Freitag halte ich es nicht mehr aus. Ich höre, dass zumindest einer meiner Wärter ausgeht, vielleicht zur Moschee. Es ist kalt, feucht, es regnet in Strömen. Das Wasser dringt durch den mit Zeitungspapier gedeckten Holzrahmen ins Zimmer. Ich rufe Hsien, um ihn darauf aufmerksam zu machen. Er sagt mir, ich solle nicht drauf achten.

Doch als er das Mittagessen bringt, kommt er mir etwas lebhafter vor als sonst. Ich nutze die gute Stimmung: »Bist du zufrieden?«, frage ich. »*Schuija, schuija* …« (es geht) »Weil ich weggehe oder weil ich bleibe?«, frage ich weiter. »Ich weiß, dass du weggehen wirst, aber ich weiß nicht, wann.« Dann ruft er Abbas, der bestätigt: »Da sind noch Probleme mit der Reise, wegen der Amerikaner, aber man wird sie lösen.« Stunden vergehen, ich bin resigniert, heute geschieht wieder nichts und es ist wahrscheinlich schon dunkel. Da stürzen plötzlich meine zwei Wärter ins Zimmer, sie tragen westliche Anzüge, sind geschniegelt und gespornt. Hsien drückt mir die Hand und sagt mit selbstsicherem Ton: »Gratuliere, du gehst wieder nach Rom zurück.« Ich bin desorientiert, ich traue meinen Ohren nicht, Angst überfällt mich. Abbas drängt: »Wir müssen schnell machen, zieh dich an.« In meinem Zimmer ist ein ständiges Kommen und Gehen, aber ich achte nicht darauf, ob sie mich sehen, während ich mich anziehe. Allerdings ist mein T-Shirt noch nass, also lasse ich das Schlafanzughemd darunter an, es guckt nicht heraus.

Ich bekomme meine Tasche mit Geld, Papieren und einer Sonnenbrille zurück. Es fehlen die zwei Handys und die Digitalkamera, sagen sie. Außerdem meine Notizen, aber das sagen sie nicht. Ich weiß sehr wohl, dass dies der gefährlichste Zeitpunkt für mich ist, meine Entführer lassen es mich spüren: »Bist du bereit? Bist du ruhig? Fühlst du dich sicher?«, fragen sie wiederholt. »Wenn du dich nicht sicher fühlst, warten wir: Wenn wir draußen sind und jemand uns anhält – die irakische Polizei, eine amerikanische Patrouille –, dürfen sie nicht erfahren, wer du bist, sonst wird das Feuer eröffnet und wir gehen alle in die Luft.« Ich bin mir der Gefahr bewusst. Auf diesen Augenblick habe ich seit einem Monat gewartet und jetzt bin ich starr vor Schreck, aber der Gedanke an die Freiheit gibt mir Kraft. Ich bitte um wahhabitische Kleidung, die auch mein Gesicht bedecken würde – so waren Simona Pari und Simona Torretta bei ihrer Freilassung angezogen –, aber vergeblich. Sie lassen mich die Sonnenbrille aufsetzen und stopfen mir Watte hinter die Gläser. Ich sehe nichts mehr. »Wir haben deiner Familie versprochen, dass du heil nach Hause zurückkehren wirst, aber du musst Acht geben, denn die Amerikaner wollen nicht, dass du lebendig nach Italien kommst«, sind die letzten Worte von Abbas und ich denke, dass es nur ein antiamerikanischer Spruch ist, den er mir kurz vor meiner Befreiung noch mitgeben will. Dann führen sie mich hinaus und lassen mich ins Auto steigen, ohne dass ich sehen kann, was für ein Wagen es ist. Man sagt mir anschließend, dass es ein alter Kasten ist, aber ich nehme es kaum wahr.

Ich fühle mich noch immer wie zwischen Leben und Tod. Die Reise dauert nicht lange, das Auto hält mitten in einer Pfütze an, ich höre das Geräusch des Wassers und des ausgehenden Motors. Mein erster Gedanke ist: Ausgerechnet jetzt bleiben wir stecken, auf dem Weg zu meiner Freilassung! Doch so ist es nicht. Es ist der Treffpunkt. Meine Entführer steigen aus dem Wagen: »Warte hier, sie werden dich holen.« Um mich herum entfernte Männerstimmen. Es hört sich an wie leise Unterredungen. Man hört Polizeiautos in voller Geschwindigkeit vorbeirasen, doch offenbar auf einer entfernten Straße. Vielleicht eine der Verbindungen zwischen den Vierteln der Hauptstadt, während wir uns wahrscheinlich in einer entlegenen Seitenstraße befinden. Vor allem erschreckt mich ein amerikanischer Hubschrauber, der über mir fliegt. Ich stelle ihn mir vor, wie er in die Kurve geht, steigt, sinkt, sich entfernt und dann wieder zurückkommt. Jedes Mal, wenn er sich entfernt, hoffe ich, dass es endlich zu meiner Freilassung kommt, doch es geschieht nichts, stattdessen kommt er wieder. Und wenn er landet? Dann ist es aus mit mir: Meine Entführer, die sich in gebührender Entfernung aufhalten, werden mich hochgehen lassen. Ich habe Todesangst, aber ich kann nichts anderes tun als warten. Das Warten kommt mir wie eine Ewigkeit vor: Meine Wahrnehmung der Zeit dehnt sich. Einer meiner Entführer kommt zurück und sagt: »Noch zehn Minuten.« Zehn Minuten? Was kann ich in zehn Minuten tun? Ich entscheide mich fürs Zählen, wie als ich klein war: Eine Minute sind sechzig Sekunden, also ich werde bis 600 zählen, langsam, so dass ich noch nicht fertig bin, wenn jemand kommt. Aber ich bin fertig, ohne dass etwas passiert ist. Soll ich weiterzählen? Plötzlich überlagert ein furchtbarer Zweifel meine Angst: Wie werde ich diejenigen erkennen, die mich hier abholen sollen? Was, wenn es statt der Italiener andere Iraker sind, von einer anderen Gruppe, die mich übernehmen? Es wäre nicht das erste Mal, dass eine Geisel von einer

Gruppe an eine andere weitergegeben wird. Auch mit verbundenen Augen bemerke ich, dass die Scheinwerfer eines Fahrzeugs sich direkt auf mich richten. Ich habe Angst, dass sie mich entdecken, und ducke mich im Autositz. Ich bin ganz in Schwarz gekleidet, mit einem schwarzen Schal auf dem Kopf bis zu den Augen, und hoffe, dass man mich nicht sieht. Denn leider weiß ich nicht, dass in diesem Augenblick italienische Agenten da sind und nach mir suchen. Sie sehen mich nicht und gehen weg, kommen dann aber zum Glück wieder. Ich bin noch in meine düsteren Gedanken versunken, als die Tür geöffnet wird: »Giuliana, Giuliana, ich bin Nicola, ein Freund von Gabriele und Pier, es ist zu Ende, jetzt bist du frei. Komm, ich bringe dich zu einem anderen Wagen.« Die Stimme von Nicola Calipari vertreibt auf einmal alle meine Befürchtungen, allen Zweifel. Sie sind gekommen, um mich zu befreien. Dessen bin ich mir sicher. Mit noch immer verbundenen Augen steige ich in das Auto, das zu meiner Befreiung da ist. Nach einigen Minuten kann ich mich auch von der Watte auf meinen Augen befreien, und während ich noch misstrauisch das ferner rückende Bagdad betrachte, fange ich an zu begreifen, dass ich womöglich meine Freiheit wiedererlange.

Ich habe Bagdad schon bei meinem ersten Besuch im Dezember 1990 geliebt. Damals war es ganz anders, es war eine reiche und großartige Stadt, während es jetzt wie in sich selbst zurückgezogen wirkt. Ich habe bei jedem Abschied während des Krieges und der Besatzung gelitten, egal wie schrecklich die Lage war. Immer ließ ich etwas in der Schwebe zurück und hoffte auf eine baldige Wiederkehr. Doch diesmal nicht. Ich sehe die Kuppeln der Moscheen sich entfernen und empfinde nichts als Erleichterung.

Eine Erleichterung für mich und schmerzlich für die Iraker, die bleiben. In den vergangenen zwei Jahren habe ich viele Freunde gewonnen, einige sind inzwischen weggegangen, andere versuchen wegzugehen. Es ist jedoch nicht leicht, einen Pass zu bekommen, und noch weniger, ein Visum für ein westliches Land. Doch auch für die Iraker, die ständig zwischen Leben und Tod schweben, bleibt die Sicherheit das größte Problem, der tägliche Alptraum, wenn sie ausgehen müssen oder die Kinder zur Schule schicken. Angst, von der Explosion einer Autobombe getroffen zu werden oder bei einem misslungenen Manöver ins Feuer der amerikanischen Maschinengewehre zu geraten, wenn die Militärkonvois sich in den höllischen Verkehr Bagdads einfädeln oder einfach weil man im falschen Augenblick vor einem Militärstützpunkt oder an einem Kontrollpunkt vorbeigeht. Angst, entführt zu werden. Die Entführungen treffen nicht nur die Ausländer: Tausende von Irakern werden als Geisel genommen. Für eine politische Erpressung oder für Geld. Ärzte, Universitätsdozenten und Freiberufler sind entführt worden, um sie zu zwingen, das besetzte Land zu verlassen. Einige sind nie mehr zurückgekehrt. Unter den Entführten sind Mitarbeiter von Ausländern, die man für Kollaborateure hielt, wie diejenigen, die für die Regierung und die Institutionen arbeiten. Andere Iraker werden entführt, um eine Geldsumme zu erpressen, die nach dem Reichtum der Familie berechnet wird. Man kann natürlich über den Betrag verhandeln. Nicht einmal Kinder, auch nicht ganz kleine, werden verschont. Ein Freund hatte mir von einem Entführer erzählt, der zu den Eltern gekommen war, um die Milchflasche für den entführten Einjährigen zu holen, der verzweifelt weinte. Aus diesen Gründen werden die Kinder von den Eltern in den Häusern eingesperrt, sie können nicht mehr auf der Straße oder in den Parkanlagen spielen. Ich erinnere mich an eine Mutter, die sogar während einer Prüfung bei der Tochter geblieben war, aus Angst vor einer Entführung, die für die Mädchen, auch für die jüngsten unter ihnen, oft auch Vergewaltigung bedeutet.

In Bagdad hatte man mir sogar von einem »Büro für die Rechte von Entführungsopfern« berichtet, an das sich die Familienangehörigen wenden können, um mit den Entführern ihrer Lieben in Kontakt zu treten und die Höhe des Lösegelds zu erfahren. Das Büro verfügt über Mobil- und Satellitentelefone und zu ihrem Personal zählen auch Polizisten – die sich in manchen Fällen die Beute mit den Entführern teilen. Ein Bekannter erzählte mir vom entführten Sohn eines wohlhabenden Nachbarn, für den man ein hohes Lösegeld bezahlt hatte. Der Junge hatte jedoch den Ort seiner Gefangenschaft an der Stimme des Imam vom Lautsprecher der nahen Moschee wiedererkannt. Als der Vater sich an die örtliche Polizei wandte, um Anklage zu erheben und die Rückgabe der Geldsumme zu verlangen, wurde ihm geantwortet, dass es schon zu spät sei. Die Beute war bereits, mit der Komplizenschaft der Polizisten, verschwunden. Alles in Bagdad spielt sich ohne die geringste Strafverfolgung ab.

4. Krieg

Mit dem Dröhnen der amerikanischen Hubschrauber, die dicht über den Hausdächern fliegen, oder mit den Explosionen, die meist am Vormittag in der Ferne zu hören sind, dringt der Kriegslärm bis in mein Gefängnis herein. Die »üblichen« Autobomben, die den Beginn eines neuen Tages, eines neuen Kriegstages, markieren. Als ich noch frei war und im Hotel Palestine wohnte, ging ich auf den kleinen Balkon meines Zimmers, um anhand der Rauchsäule den Ort der Explosion zu identifizieren. Wenn man den Ort erkannt hatte, versuchte man normalerweise, dorthin zu gelangen. Doch das war nicht immer möglich: Die Meldungen überschlugen sich, die Nachrichten waren widersprüchlich, die anliegenden Straßen wurden von amerikanischen Soldaten oder von der irakischen Polizei abgesperrt. Jetzt kann ich mir die »Rauchsignale« nur vorstellen, manchmal bitte ich meine Entführer um Auskunft über die Explosionen, deren Echo bis zu uns hallt, aber sie antworten stets ausweichend, jedenfalls ohne Kommentar und ohne sie für sich zu beanspruchen. Autobomben, Angriffe auf die Truppen, abgeschossene Hubschrauber … auch meine Entführung ist eine Kriegsaktion.

Doch warum haben sie gerade mich entführt? Diese Frage

quält mich Tag und Nacht. Verstehen sie, falls sie tatsächlich ihr Land befreien wollen, wie sie sagen, wirklich nicht, dass es besser wäre, wenn ich mit meiner Arbeit fortfahren könnte? Kann es sein, dass der »Widerstand« – dazu zählen sich meine Entführer – nicht daran interessiert ist, die Wirklichkeit der Falludscha-Flüchtlinge bekannt zu machen? Auf meine entsprechenden Fragen antworten die Entführer nur trocken: »Das ist der Krieg.« Nicht einmal ich, die ich das Ausarten dieses Konflikts angeprangert und sogar damit gerechnet hatte, dass man mich entführen könnte, nicht einmal ich hatte bis zur letzten Konsequenz die perversen Folgen dieser Degenerierung erfasst. Sobald man einen Fuß auf irakischen Boden setzt, betritt man ein Kriegsgebiet, mit allen Konsequenzen. Das hatte ich nicht einkalkuliert, so viel ist mir nun klar. Nicht nur das. Mit Irakern Kontakt zu haben, wegen meiner Arbeit dauernd unterwegs zu sein machte mich noch verwundbarer. Warum? »Die Menschen könnten dir Dinge erzählen, die du nicht wissen sollst«, sagen mir die Entführer. Und: »Diese Enthüllungen können die Widerstandsgruppen in Gefahr bringen.« Weder die Besatzer, die unter einem verlogenen Vorwand in den Krieg gezogen sind, noch die Besetzten, die ihre Besatzer bekämpfen, aber sich vor der Offenlegung der wirklichen Lage fürchten, sind scharf auf Zeugen. Die Information an sich wird zum Feind, zu einem weiteren Opfer des Krieges. Heute, in einer Zeit, in der die Technik es erlaubt, die Welt augenblicklich zu informieren, kann jede Nachricht zum Bumerang für denjenigen werden, der Krieg führt. Also sind auch Journalisten potentielle Feinde. Mit der Ermordung des Tontechnikers der Agentur Reuters, Walid Khaled, der am 28. August 2005 von mehreren amerikanischen Schüssen getroffen wurde, steigt die Zahl der im Irak seit Anfang des Krieges (das heißt seit März 2003) gestorbenen Journalisten auf 65. In Vietnam hatten in 20 Jahren Krieg 63 Medienvertreter das Leben verloren. Ein weiterer Kameramann von Reuters, Ali Omar Abraham al-Maschadani, ist am 8. August 2005 in Ramadi verhaftet und ohne Anklage in Abu Ghraib ins Gefängnis gesteckt worden: Journalisten als Zielscheibe.

Die Entführer sind allerdings auf die Nachrichten angewiesen, die per Satellit von den Fernsehsendern des Golfs al-Dschasira und vor allem al-Arabija kommen. Kein Iraker verlässt sich ausschließlich auf den amerikafreundlichen al-Irakja. Die bewaffneten Gruppen verwenden das Internet, um ihre Forderungen, echte oder vorgetäuschte, bekannt zu geben.

Während ich hier in einem leeren Zimmer sitze, ohne eine Zeitung oder ein Buch, träume ich von einem Stift und einem Stück Papier – nicht etwa von einem Computer – und lausche, um irgendeine Nachricht aus dem Zimmer nebenan aufzuschnappen. Die einzigen Sendungen, die ich erkenne, sind die unverwechselbaren Fußballspiele, am Freitag die arabischen, am Sonntag die westlichen. Das einzige unauflösliche Band, das in der Lage ist, jede Grenze – die politische, ideologische, religiöse – zu überwinden, ist der Fußball. Der mich aber wegen meiner Unwissenheit auf dem Gebiet ausschließt.

All das stellt für mich eine Niederlage dar, die ich nicht einmal mir selbst einzugestehen wage. Bis zum Vortag meiner letzten Abreise hatte ich gekämpft. Man muss etwas riskieren, in den Irak fahren, um über die schrecklichen Folgen des Krieges zu berichten. So hatte auch ich gehandelt: Jeden Tag verließ ich im Gegensatz zu den meisten meiner Kollegen das Hotel, begab mich zu den Schauplätzen, lehnte die »Anheuerung« durch die verschiedenen Heere ab und lebte stattdessen mit dem Risiko. Ich kannte die Gefahren. Einige Kollegen, vor allem die ausländischen, bewegen sich inzwischen nur noch mit bewaffneter Begleitung, die natürlich abschreckend wirken kann. Doch in einigen Fällen waren es gerade die irakischen »Beschützer«, die ihre Schützlinge an bewaffnete Gruppen verkauften. Ein immer schmutzigerer Krieg. In jeder Hinsicht.

Der damalige amerikanische Botschafter John Negroponte führte im Irak das Honduras-Modell zur Verwendung von *contractors* für die schmutzigsten Arbeiten ein, die das Heer nicht erledigen kann. Damit schuf er eine neue Rivalität zwischen überbezahlten, skrupellosen *contractors* und schlechter bezahlten und schlechter ausgebildeten Soldaten.

Zuerst wurde ich von den Entführern beschuldigt, eine Spionin zu sein. Sie versuchten sogar, ihre Vorwürfe mit Fakten zu belegen: »Bist du in Nassirija gewesen, arbeitest du mit italienischen Agenten zusammen? Warum interessierst du dich so sehr für Falludscha? Du sprichst Arabisch (jemand hat es in einem Interview im Sender al-Dschasira gesagt), warum hast du uns das vorenthalten?« (Es bringt nichts, wenn ich ihnen erkläre, dass ich die arabische Sprache ein wenig kenne, aber sicher nicht beherrsche.) In diesen ersten Tagen sprachen sie vor mir nicht miteinander, aus Furcht, ich könnte sie verstehen, vielleicht aber auch, um meine Ängste zu schüren. Schließlich fanden sie glücklicherweise heraus, dass ich keine Geheimagentin bin, was mir sicherlich das Leben gerettet hat. Erst daraufhin haben sie bei unseren komplizierten politischen Diskussionen ab und zu auch Arabisch gesprochen; ein wenig Englisch, ein paar Worte Französisch und von Gesten begleitetes Arabisch. Nachdem das Klima sich verändert hat – die Stimmungen der Entführer sind extremen Schwankungen unterworfen –, gelingt mir für eine kurze Zeit sogar ein nachmittäglicher Gedankenaustausch mit Hsien. Er lehrt mich einige Wörter Arabisch (besser gesagt gesprochenes Irakisch, das sich von dem klassischen Arabisch, wie ich es gelernt habe, unterscheidet) und ich übersetze sie ihm ins Englische. Das hilft mir, die Zeit totzuschlagen und mich weniger isoliert zu fühlen. Nachdem man mich nicht mehr für eine Spionin hält, bin ich etwas ruhiger, auch wenn ich eine Geisel bleibe, die man als Waffe einsetzt. Ich, die Pazifistin, die sich nie trauen würde, eine Waffe anzurühren, bin selbst in eine Waffe verwandelt worden! Das erinnert mich an Algerien: Einmal bereitete ich dort einen Bericht über bewaffnete Selbstverteidigungsgruppen vor (Zivilisten, die sich organisiert hatten, um sich vor dem islamischen Terrorismus zu schützen). Eine Frau wollte mich fotografieren, während ich ihre Waffe in der Hand hielt. Ich wagte nicht, ihr zu sagen, dass ich sie niemals verwenden würde, und nahm stattdessen das übermäßige Gewicht der Kalaschnikow zum Vorwand abzulehnen. Nun bin ich gezwungen, unter der Drohung der Waffen zu leben: Hsien hat eine Kalaschnikow und Abbas eine Pistole. Obwohl mir weder Hsien noch Abbas je direkt gedroht haben.

Geisel sind eine Kriegswaffe, ein wirksames Mittel zur Erpressung in einem asymmetrischen Konflikt wie dem im Irak. In zwei Jahren Besatzung sind alle Ausländer zu Feinden geworden, es wird kein Unterschied mehr gemacht zwischen Regierung und Opposition, zwischen den Staatsbürgern der Länder, die den Krieg unterstützt haben, und den anderen. Bei Kriegsanfang bestand dieser Unterschied noch, jetzt nicht mehr, wir sind alle »Amerikaner« geworden und ich bin wie andere (Florence Aubenas und Hussein sind einen Monat vor mir entführt worden) eine »Kriegsgefangene«. Als solche werde ich auch tatsächlich von meinen Entführern behandelt. Sie beachten sogar einige in den internationalen Konventionen enthaltene »Regeln« aus der Zeit, als man noch nicht vorhergesehen hatte, dass man Gefangene auch mittels Entführung machen könnte. Konventionen, die von den Amerikanern nicht eingehalten werden, weil in den Präventivkriegen den Gefangenen – in Guantanamo wie in Abu Ghraib – nicht einmal mehr der Status »Kriegsgefangene« zugestanden wird.

Ich kann mich nicht dazu durchringen, meine Lage als »Gefangene« einfach hinzunehmen. Dadurch bleibe ich kämpferisch und bewahre meinen Entführern gegenüber eine Ebene von Konflikt und Konfrontation, in der ich mich weniger ohnmächtig fühle. Der Konflikt beruht auf den kulturellen, politischen, religiösen und geschlechtsspezifischen Unterschieden, die sie nicht akzeptieren können. Auch wenn wir von gemeinsamen Prinzipien ausgehen, führt uns die Logik unweigerlich zu verschiedenen Ergebnissen. Diese Unterschiede werden zudem durch die Bedingungen verstärkt, unter denen sich der Konflikt abspielt. Die Lage, in der ich mich befinde, erlaubt es mir, eine sonst nur schwer begehbare Welt aus größerer Nähe kennen zu lernen. Leider zu einem sehr hohen Preis. Einem zu hohen Preis.

Ich fühle mich als Gefangene und Opfer eines Krieges, gegen den ich mich wie Millionen anderer Menschen aufgelehnt habe. Vergebens. Jetzt fühle ich mich doppelt »besiegt«.

Ich verstehe die Gründe derjenigen, die gegen die Besatzung Widerstand leisten, aber ich kann ihre Methoden nicht gutheißen: die Einbeziehung der Zivilisten, den Mord an anderen Irakern, der auch von den sunnitischen religiösen Autoritäten verurteilt wird. Im Übrigen ist die Zivilbevölkerung das Hauptopfer der modernen Kriege. Kriege, die man mit »intelligenten« Bomben führt, die aber in Wahrheit nicht sehr intelligent sind. Von Bomben getötete Frauen und Kinder sind die häufigsten Opfer der amerikanischen Invasion. Ich denke noch an das Krankenhaus von Hilla, in das ich während der Bombenangriffe im April 2002 gefahren war: Hunderte von Verwundeten – und über 70 Tote – waren bis in die Eingangshalle aufgestapelt, darunter zum größten Teil Kinder, auch wenige Monate alte Babys, Frauen und alte Leute. Alle waren sie von *cluster bombs* getroffen worden, die so konstruiert sind, dass sie die Zivilbevölkerung treffen. Dabei handelt es sich nämlich um Bomben, von denen jede ungefähr 200 Submunitionen enthält, so genannte *bomblets*. Die Bomblets sind von der Größe einer Getränkedose, und wenn sie explodieren, treffen ihre Fragmente Ziele in einem weiten Umkreis. Dringen sie in den Körper ein, verursachen sie oft tödliche Blutungen. Die Bomben, die nicht sofort explodieren – man rechnet mit ungefähr fünf Prozent –, landen auf dem Boden und werden zu gefährlichen Minen. Nach Angaben des USA-Centcom-Kommandos haben die amerikanischen Truppen während des Krieges 10 782 Clusterbomben in Basra, Kerbala, Hilla und in stark bevölkerten Vierteln Bagdads abgeworfen. Das entspricht ungefähr zwei Millionen Submunitionen, wie ein Bericht der Human Rights Watch besagt. Wie ich damals sowohl in Hilla als auch in Bagdad in dem von Palästinensern bewohnten Viertel al-Biladati überprüfen konnte, sind die Opfer vor allem Frauen und Kinder. In allen modernen Kriegen sind die meisten Opfer Zivilisten. Wie viele sind es im Irakkrieg? Dazu existieren keine offiziellen Zahlen. Ganz anders für die Opfer aus den westlichen Ländern: Anfang September 2005 beträgt die Zahl der im Irak seit Kriegsbeginn (März 2003) gestorbenen amerikanischen Soldaten 1900, die der Verwundeten über 14 000. Dies sind die offiziellen Angaben, doch andere Stellen nennen weitaus höhere Zahlen und es ist kein Zufall, dass Bush nicht erlaubt, die Rückführung der Särge in die USA zu filmen. Die irakischen Toten dagegen lassen sich nicht zählen, es gibt keine Angaben über die Opfer des Angriffs im November 2004 in Falludscha, die Schätzungen gehen weit auseinander. Nach dem Iraq Body Count (IBC), einer britischen Organisation, die täglich auf ihrer Internetseite eine Schätzung der Opferzahlen publiziert, sind zwischen März 2003 und März 2005 24 865 Zivilisten gestorben, darunter über 4000 Frauen und Kinder. Die Daten sind in einem Bericht (»Dossier on Civilian Casualties in Iraq 2003–2005«) enthalten, den Professor Hohn Sloboda herausgegeben hat und der vom Iraq Body Count zusammen mit der Oxford Research Group publiziert wurde. Sie basieren auf Berichten der irakischen und der internationalen Presse, die als Quellen Krankenhäuser und Leichenhallen angeben. Man darf auch annehmen, dass die Zahl der bestätigten Todesfälle kleiner ist als die der tatsächlichen Opfer. Und man muss die Zahl der in den Monaten nach Beendigung des Berichts gestorbenen Opfer hinzufügen, als viele Tote zu beklagen waren.

Die Hälfte der Opfer kommen aus Bagdad, wo ein Fünftel der etwa 25 Millionen Iraker lebt. Ein Drittel wurde während der Invasion registriert, 6215 im ersten Besatzungsjahr, während sich im zweiten Jahr die Zahl fast verdoppelte (11 351). 37,3 Prozent der Todesfälle sind, immer laut Iraq Body Count, von den alliierten Kräften verschuldet (davon

98,5 Prozent durch die Waffen der amerikanischen Truppen), während 35,9 Prozent zu Lasten der gewöhnlichen Kriminalität gehen. Die Kräfte des Widerstands gegen die Besatzungsmacht und die terroristischen Gruppen haben im Laufe der Zeit ihre Aktionen verstärkt und verursachen 9,3 Prozent der Opfer unter der Zivilbevölkerung. Als Ursache von weiteren elf Prozent der Toten (die in den Moscheen etwa) sieht der IBC die Aktion »unbekannter Agenten«. »Der IBC hat allein mit Hilfe von Pressenachrichten und Computern eine glaubwürdige Liste der Toten zusammengestellt«, schrieb in einem Leitartikel die britische Ärztezeitschrift »The Lancet«. Dabei ist die »strikte Ablehnung der USA und der Länder der Koalition, die Zählung der irakischen Toten zu berücksichtigen, eine Missachtung der Prinzipien der Genfer Konvention. Diese legt fest, dass die Invasionskräfte verpflichtet sind, das Leben der Zivilbevölkerung so weit wie möglich zu schützen« (»The Lancet«, 31. Juli 2005). Diese Wochenzeitschrift hatte im Oktober 2004 eine Untersuchung über die Zahl der Todesfälle im ersten Konfliktjahr publiziert: Es waren 100 000 mehr als in den vorhergehenden Jahren, 40 Prozent von ihnen müssen als direkte Folge des Krieges angesehen werden. Auch die Small Arms Survey, die Forschungsgruppe des Graduate Institute of International Studies in Genf, geht in ihrem Jahresbericht 2005 von circa 39 000 getöteten irakischen Zivilisten in der Zeit von März 2003 bis April 2005 aus. Diese Berechnung basiert auf einer epidemiologischen Untersuchung.

Auch gibt es keine offiziellen Angaben über die im Konflikt umgekommenen irakischen Soldaten, die geschätzten Zahlen schwanken zwischen 4895 und 6370. Ebenfalls extrem hoch ist die Zahl der Verwundeten. Die Verletzungen vieler der im Iraq Body Count aufgezählten 40 000 Verwundeten hatten schwerwiegende Folgen und müssen zu den von den vorhergehenden Kriegen verursachten Behinderungen hinzugezählt werden.

Es hat den Anschein, dass die Gewalt im Irak weiter zunehmen wird: Die Vereinigten Staaten werden weiterhin die Guerilla bekämpfen und damit vor allem Zivilisten in Mitleidenschaft ziehen, die sich, um ihre Würde zu bewahren, immer stärker mit den Widerstandsgruppen identifizieren werden. Wie es eben in Falludscha geschehen ist.

»Maku karaba«

Die Feindseligkeit gegenüber den Besatzern hat ihre Ursache auch in den unerträglichen Lebensbedingungen der Bevölkerung. Die Elektrizität kommt und geht, trotz des Slogans der »amerikanischen« Werbung auf Plakaten und im Fernsehen: »Die Elektrizität ist ein Geschenk, helfen Sie uns, sie zu schützen.« Sie ist vor allem ein Geschenk des irakischen Öls, das aber die Bevölkerung nicht erreicht: »Maku karaba« (kein Strom) ist der Satz, den man am häufigsten hört. Der Irak braucht 15 000 Megawatt täglich, verfügt aber nach Aussage des Ministers für Wasserressourcen Latif Raschid nur über 5000 Megawatt. Nach Aussage der Amerikaner müsste die Stromversorgung in Bagdad für täglich 16 Stunden garantiert sein, hält aber nicht länger als vier, fünf Stunden an, wie ich während meiner Gefangenschaft feststellen konnte. Die Amerikaner haben die Kürzung der Dienstleistungen wie Strom, Wasser etc. oft als Kollektivbestrafung in den »aufrührerischen« Vierteln eingesetzt. Es mag sein, dass ich in einem dieser Viertel untergebracht war, aber in anderen Stadtteilen war die Lage, wie mir erzählt wurde, nicht besser. »Die Nachfrage ist gestiegen«, behauptet das Kommando der USA, demzufolge die Produktion um etwa 232 Megawatt gesteigert wurde. Weitere drei Projekte sollen nach amerikanischen Quellen angeblich die Produktion der Elektrizitätszentrale von al-Dora erhöhen, die die Hauptstadt mit 428 Megawatt beliefert. Eines der Projekte ist dem italienischen Unternehmen Franco Tosi zugeteilt worden, das auch an der Wiederherstellung von Teilen der größten irakischen Raffinerie in Baidschi (circa 220 Kilometer nördlich der Hauptstadt) beteiligt ist. Beide Anlagen sind von Italienern errichtet worden. Investitionen in Höhe von 20 Milliarden Dollar sind nötig, um die Anlagen für die Stromversorgung im ganzen Land wieder instand zu setzen, behauptet der Minister für elektrische Energie Mihsin Schlasch. Er hat einen ehrgeizigen Fünfjahresplan erarbeitet, um die Energieproduktion im Jahr 2010 auf 18 000 Megawatt anzuheben, ohne aber die Einzelheiten des Plans zu verraten, vor allem was die Finanzierung angeht. Für die vorhersehbare Notlage im Sommer, wenn die Nachfrage Spitzenwerte erreicht, hatte der Minister die Nachbarländer – Syrien, die Türkei und den Iran – um Hilfe gebeten. Zurzeit greifen die Iraker, die es sich leisten können, auf Generatoren zurück, die sich in der Hauptstadt in 39 Prozent der Häuser befinden. Doch es fehlt an dem dafür benötigten Kraftstoff. Dies ist das schlimmste Paradox in einem Land, das im Öl schwimmt und auf dem Papier über die zweitgrößten Reserven an schwarzem Gold auf der ganzen Welt verfügt.

Die Benzinknappheit zwingt die Iraker zu tage- und nächtelangen Wartezeiten in endlosen Schlangen an den oft geschlossenen, auf Nachlieferung wartenden Tankstellen. Das

Benzin wird im Allgemeinen in begrenzten Mengen und je nach Nummernschild abgegeben. Die einzige Alternative ist der Schwarzmarkt: Für einen Liter Benzin, der an der Tankstelle 20 Dinar (etwas mehr als ein Cent) kostet, zahlt man 500 Dinar. Das Benzin wird übrigens aus Kuwait und der Türkei importiert, ein ausgezeichnetes Geschäft für die früher (1995–2000) vom amerikanischen Vizepräsidenten Dick Cheney geleitete Gesellschaft Halliburton, die angeklagt wird, Rechnungen in Höhe von über 3,5 Milliarden Dollar gefälscht zu haben. Das hat die amerikanische Regierung nicht davon abgehalten, dieser favorisierten texanischen Firma, die schon Aufträge für 9,1 Milliarden Dollar erhalten hatte, im Juli 2005 einen neuen Vertrag über fünf Milliarden Dollar anzubieten.

Um gegen die Kraftstoffknappheit im nahenden Winter Abhilfe zu schaffen, hat eine vom Ölministerium aufgestellte Kommission folgende Lösung gefunden: die staatliche Rationierung mit eigens dafür eingeführten Bezugsscheinen für alle Ölprodukte, für das Kerosin, das man wegen Knappheit und hoher Preise der Gasflaschen in der Küche benutzt, für die Heizung und für die Stromgeneratoren.

Wasser

Wenn Strom fehlt, fehlt gewöhnlich auch Wasser, zumindest das von den Kläranlagen gelieferte Wasser. Die Bombardierungen haben unter anderem Rohrleitungen zerstört, so dass sich das Trinkwasser mit dem Abwasser vermischt hat. Die ersten Investitionen haben bislang keine sichtbaren Verbesserungen gebracht. So kämpft das von den Flüssen Tigris und Euphrat durchzogene Land auch gegen Wassermangel. Um das durch Krieg und mangelhafte Wartung beschädigte Wasserleitungssystem wiederherzustellen, bräuchte man nach Aussage des Ministers Latif Raschid etwa 15 Milliarden Dollar. »Der Irak hat reiche Wasserressourcen. Wir verfügen über große Wasserreservoirs und über zwei Ströme mit mehreren Nebenflüssen im Gebiet der Sümpfe«, sagte Raschid Ende Juni 2005 während eines Kongresses in Amman, »aber dem Irak fehlen große Investitionen.« Um Dämme, Bewässerungskanäle, Abwasserleitungen und Klärungsanlagen zu reparieren und neue zu bauen, benötigen wir zwischen 10 und 15 Millionen Dollar. Die Vereinigten Staaten haben 3,7 Millionen für den Wiederaufbau der Wasserversorgung bereitgestellt, aber ein großer Teil dieser Summe wurde schon für die Sicherheit im Lande ausgegeben. Die Folgen sind dramatisch: Ende Juni 2005 blieb die Hauptstadt bei Temperaturen von über 40 Grad eine Woche lang ohne Wasser (das hatte mir ein Bagdader Freund per E-Mail verzweifelt geschrieben). In solchen Fällen geben die offiziellen Stellen den Saboteuren die Schuld. Als nach einer Woche einige Viertel wie Mansur, Jarmuk und Qadimja – aber nicht al-Dschihad und al-Schurta – gerade wieder Wasser in den Leitungen hatten, gab es einen neuen Sabotageakt, diesmal an der Anlage in al-Tarmia, und die Wasserversorgung war wieder unterbrochen. »Aus Verzweiflung hat die Bevölkerung der Hauptstadt begonnen, Wasser direkt aus dem Fluss zu pumpen, mit Hilfe von alten Brunnen oder Bohrungen im Garten, was sehr schädlich für die Gesundheit ist«, berichtete am 24. Juli 2005 die Presseagentur der Vereinten Nationen IRIN (Integrated Regional Information Network). Als »Talib Abu Jounes mit den Lippen ein Glas Leitungswasser berührte, sah er Würmer, die sich auf dem Boden bewegten« (liest man in einem Artikel von Leila Fadel im »Knight Ridder« des 26. Juli

2005). Offensichtlich kam das Wasser direkt aus dem Tigris. Daran habe ich während meiner Gefangenschaft wieder gedacht, als ich Wasser aus dem Wasserhahn trinken musste!

»Wir sind gezwungen, Wasser aus dem Brunnen des Nachbarn zu holen. Wir verwenden es zum Waschen und Putzen, aber zum Trinken müssen wir das teure Mineralwasser in Flaschen kaufen«, sagt Haifa Faijad, ein Staatsangestellter, der im Bagdader Viertel al-Dschihad wohnt, wo die Leitungen seit einem Monat leer sind. Nur wenige können sich das Mineralwasser leisten. Dessen Preis ist nach der gestiegenen Nachfrage von 0,50 auf 0,75 Dollar pro Liter geklettert und damit für eine Bevölkerung, die in ihrer großen Mehrheit noch von den durch die Regierung während des Embargos eingeführten Bezugsscheinen für Lebensmittel lebt, unbezahlbar. Nach dem Krieg wurden diese Lebensmittelkarten weiter reduziert und sehr unregelmäßig verteilt.

Das Problem wird sich nicht in kurzer Zeit lösen lassen: Der Wasserverbrauch der Hauptstadt beträgt 16,2 Millionen Liter, und selbst wenn alle am Ufer des Tigris gebauten Anlagen voll funktionsfähig wären, käme man auf kaum mehr als zehn Millionen Liter. Und die Wasserknappheit betrifft nicht nur die Hauptstadt. Die Behörden sprechen stets von Sabotageakten. Die gibt es zwar in der Tat, dennoch dienen sie oft nur als Vorwand, um nicht die volle Verantwortung für die Lage zu übernehmen. »In über der Hälfte der Städte, die die größten Probleme mit der Wasserversorgung haben, hat es in den letzten zwei Jahren nicht einmal eine Explosion gegeben«, verkündet die Irakerin Liqaa Maki das Resultat ihrer Recherchen. »Tatsache ist, dass wir bis jetzt keine wirklichen Investitionen im Wasserversorgungssystem gesehen haben.« Sie führt als Beispiel Rumaitha an, eine nördlich von Bagdad gelegene Stadt, »in der es in den letzten zwei Jahren keine Bombe, kein Attentat und in den vergangenen Jahrzehnten keine Probleme mit dem Wasser gegeben hat. Diese Woche hat die Regierung für die gesamte Region das Wasser gekürzt und damit Proteste ausgelöst. Wie kann die Regierung dem Widerstand die Schuld geben, wenn diese Schwierigkeiten eindeutig das Ergebnis schlechter Verwaltung und fehlender Investitionen sind?«, fragt Liqaa Maki zum Schluss (www.aljazeera.net, 28. Juni 2005).

Im Garten Eden

Einige spärliche Investitionen sind in den Süden geflossen – 30 Millionen Dollar aus den USA, Italien, Japan und Kanada statt der nötigen 500 Millionen –, um die von der Überschwemmung der Flüsse Tigris und Euphrat vor dem Zusammenfluss im Schatt al-Arab verschmutzten Sumpfgebiete zu reinigen, die seit Jahrtausenden ein in der Welt einmaliges Ökosystem darstellen. Es ist das Gebiet, das in der Bibel der »Garten Eden« genannt wird und in dem vor 5000 Jahren die Zivilisation der Sumerer entstanden ist. Zwischen 15 und 20 Quadratkilometer Sümpfe – mit kleinen, über die riesigen Lagunen verstreuten Inseln, auf denen circa 500 000 Menschen in Schilfhäusern lebten –, in denen Bäume wuchsen und Millionen Vögel während der Migrationen Zuflucht fanden. Die Fische aus dieser Region – vorwiegend Karpfen – stellten 1990 noch 60 Prozent der irakischen Nahrung dar (sagt Assam Alwasch, der Direktor des Eden Again Project). 2002 waren die Sümpfe nach einem Bericht der UNO auf sieben Prozent des ursprünglichen Gebietes zusammengeschrumpft. Die Trockenlegung – durch den Bau von Dämmen und Kanälen – war vor allem das Werk Saddams, der nach dem ersten Golfkrieg und insbesondere nach dem Schiitenaufstand den Gegnern des Regimes, Schiiten und Kommunisten, das Rückzugsgebiet nehmen wollte, in dem sie sich versteckten und, wie Fische im Wasser, nicht zu fassen waren. Die Situation wurde durch die Nachbarländer Türkei, Syrien und Iran verschlimmert. Diese errichteten Dämme, um das Wasser der zwei Flüsse abzuleiten. Ebendiese Wasserknappheit erschwert jetzt die Wiedergewinnung des ursprünglichen Habitats. 40 Prozent des Bodens sind erneut überschwemmt worden, aber zur Wiederherstellung des natürlichen Wasserzyklus sind besondere Maßnahmen nötig. Diese verlangen spezielle Technologien, mithin Investitionen, vor allem ist ein Wasserzufluss notwendig, der den Boden von den Sulfiden und vom Salz befreit, die das Pflanzenwachstum verhindern. Zudem wurde in diesem Gebiet eine übermäßige Präsenz von Selen festgestellt, einem giftigen Metall, das sich laut entsprechender Untersuchungen in der Nahrungskette vermehren und das gesamte Ökosystem vergiften könnte.

Eine weitere Gefahr für die Gesundheit der örtlichen Bevölkerung besteht in der Verschmutzung ihrer Umwelt, eine Folge der Industrieansiedlung und der Bombenangriffe der zwei Golfkriege (überall liegen die von den Soldaten der Invasion zurückgelassenen giftigen Abfälle, »National Geographic«, April 2003), bei denen unter anderem abgereichertes Uran ausgesetzt wurde. Die häufigsten Folgen sind Allergien, Fehlgeburten, Missbildungen und Tumorerkrankungen. Vor allem in Basra ist die Zahl der Missbildungen bei Neugeborenen alarmierend hoch, wie Suzie Alwasch, die Ehefrau des Direktors des Projekts Eden Again, anklagt.

Bisher sind ungefähr 40 000 der evakuierten Bewohner in

die Sumpfregion zurückgekehrt, während die anderen weiterhin in den nahen Dörfern oder in den Städten wohnen, in die sie zur Zeit der Trockenlegung umgezogen sind oder umgesiedelt wurden. Dieser Bevölkerung muss noch vor der Wiederherstellung des Ökosystems sofort geholfen werden, an erster Stelle mit Trinkwasser und medizinischer Hilfe.

Eine weitere Umweltkatastrophe stellen die giftigen Hinterlassenschaften der Brände an den Ölbrunnen während des ersten Golfkriegs dar: Nach Meinung von Jonathan Lash vom World Resources Institute wird man mindestens 100 Jahre brauchen, um die kontaminierenden Substanzen zu entfernen. Hinzu kommen die in den Kriegen angesammelten, noch nicht explodierten Minen: Die Schätzungen der Mine Advisory Group belaufen sich auf acht bis zwölf Millionen Sprengkörper.

Die Umweltsituation hat sich nach der Invasion des Jahres 2003, mit der erneuten Verwendung von Munitionen mit abgereichertem Uran und den Plünderungen gefährlicher und giftiger Materialien, in hohem Maße verschlechtert.

»Der Irak ist der schlimmste bis heute untersuchte Fall und man kann ihn nur schwer mit anderen vergleichen. Nach dem Balkankrieg haben wir sofort eingreifen können, zum Beispiel mit Maßnahmen für den Schutz des Donauwassers, nicht so im Irak«, erklärt der ehemalige finnische Minister und Präsident der Task Force im Umweltprogramm der Vereinten Nationen Pekka Haavisto.

Ein irakisches Tschernobyl

Zu den durch Bombenangriffe entstandenen Umweltschäden muss man die durch Plünderungen von Giftstoffen verursachten Schäden hinzuzählen, die nach der Invasion ohne Zutun der Besatzer eingetreten sind. Die aufsehenerregendsten Fälle sind die Plünderungen im Nuklearen Forschungszentrum von Tuwaitha und in der Raffinerie von al-Dora, aber es gab auch Plünderungen in Fabriken, in denen der Irak für den Export Zement und Düngemittel produzierte, sowie in anderen industriellen und militärischen Anlagen. Aus den Lagern der Raffinerie von al-Dora in der südlichen Peripherie von Bagdad wurden 5000 Fässer mit chemischen Produkten wie Tetraethylenblei entnommen oder verbrannt. Die Folgen der Plünderungen in der 56 Quadratkilometer großen Nuklearanlage von Tuwaitha können erst in den nächsten Jahren erfasst werden. In diesem 40 Kilometer südlich von Bagdad gelegenen Nuklearzentrum wurde an einem Forschungsprogramm für die Entwicklung der irakischen Atombombe gearbeitet. Die Forschung war 1981 schon weit fortgeschritten, nachdem Israel den stärksten, von den Franzosen gelieferten Reaktor bombardiert hatte. Die zwei verbliebenen kleineren Reaktoren, ein russischer und ein französischer, mit denen jedoch keine Nuklearwaffen hergestellt werden konnten, wurden von den Amerikanern 1991 im Ersten Golfkrieg zerstört. Während des letzten Krieges wurden – vielleicht nur versehentlich – zwei Raketen auf das Zentrum abgeworfen, doch im Lagerraum der sogenannten »Location C« befand sich radioaktives Material. Der Direktor der AIEA (Internationale Agentur für Atomare Energie) Mohammad el Baradei, der vor dem Krieg dafür verantwortlich war, hatte die amerikanischen Truppen erfolglos aufgefordert, dieses Gebiet zu schützen. Ich war Anfang Juni zum Zentrum von Tuwaitha gefahren, als die irakischen Atomforscher Alarm geschlagen hatten. Am Tag nach der Ankunft der amerikanischen Truppen waren circa 3000 Fässer mit Nuklearstoffen (radioaktive Reste und angereichertes Uran) aus dem Lager gestohlen worden, eine Plünderung, die die Bewohner des nahen Dorfes Ischtar nicht hatten verhindern können. Das gelbe Pulver *(orange cake)* war auf den Boden des Lagers und hauptsächlich auf die Felder gestreut worden, weil man es für ein Düngemittel hielt. Unbezifferbar sind die Schäden für den Boden und die wasserführende Schicht. Die ausgeleerten Fässer wurden auch noch als Wassertonnen in vielen Häusern des nahen al-Wardhia benutzt, die keine Wasserleitung haben, oder man verwendete sie in der Landwirtschaft als Behälter für Milch. Nachdem sich die Nachricht von dieser Katastrophe verbreitet hatte, versuchte der Chef der militärischen Aktivitäten der Region Qadar al-Abbas Hamsa, die Tonnen wieder einzusammeln; die Leute wollten sie jedoch nicht zurückgeben oder hatten sie schon weiterverkauft. Auch der Versuch, sie ihnen abzukaufen, war wenig erfolgreich. Die Menschen begriffen die Gefahr nicht, weil die Folgen nicht unmittelbar sichtbar waren. Das größte Risiko ist eine Tumorerkrankung, vor allem Leukämie. Bei ersten Untersuchungen hatten irakische Spezialisten eine sehr hohe Radioaktivität festgestellt. »Das Wasser ist kontaminiert, die Häuser, die Tiere, sogar die Produkte vom Feld sind kontaminiert«, stellte Thair Ismael Dschasim fest. »Wir haben sogar in den Betten dieser armseligen Behausungen, in den Bädern und in den Säumen der Frauenkleider eine hohe Radioaktivität gefunden«, fügte Hamid al-Bahily hinzu. Nach eindringlichen Forderungen, die von den Amerikanern zunächst ignoriert wurden, gelang es der AIEA, ein eigenes Team zu schicken, das die Schwere der Katastrophe feststellen sollte. Viele (darunter auch die englische Zeitung »The Times«) äußerten damals ihre Befürchtungen um die Gefahr eines neuen Tschernobyl im Irak. Aber noch vor der Überprüfung der Folgen war alles schon wieder vergessen.

Allmählich beginnt der Krieg auch in den Vereinigten Staaten Folgen zu zeitigen, vor allem wegen der hohen Ausgaben: 5,6 Milliarden Dollar im Monat (bisher insgesamt 204 Milliarden, 727 Dollar pro Bewohner, ohne die vom Kongress bereitgestellten 45 Milliarden). Diese Summen übersteigen bereits die Ausgaben des Vietnamkriegs. Ein »Der Sumpf Irak« betitelter, 84 Seiten langer Bericht des amerikanischen Institute for Policy Studies and Foreign Policy (IPS) veröffentlicht diese Daten gerade in dem Augenblick, als Amerika in Aufruhr ist, weil die Hilfe des Weißen Hauses an die vom Hurrikan Katrina getroffene Bevölkerung mit Verspätung einsetzt. Es fehlen Helfer und Gelder. Die Nationalgarde hat keine Leute, die sie in die betroffenen Gebiete schicken kann, weil sie im Irak eingesetzt sind. Dieser seit 2004 dritte vom kriegskritischen Institut herausgegebene Bericht enthält auch einen von Phyllis Bennis ausgearbeiteten Plan für einen »sofortigen und vollständigen Rückzug der Truppen, der militärischen *contractors* und der amerikanischen Gesellschaften, die die Besatzung unterstützen«. Der Rückzug der Truppen würde die USA aus dem Sumpf Irak befreien, in dem sie immer tiefer versinken, und den Irakern erlauben, einen anderen Weg als den von den Besatzern vorgegebenen zu finden. Die Iraker brauchen einen Bruch, nur so kann es für sie einen Ausweg aus all dem Chaos und Terror geben, in dem sie gefangen sind. Auch wenn ein unmittelbarer Rückzug der Truppen keine sofortige Befriedung bedeuten würde. Vielleicht ist ein innerer, schon ausgebrochener Konflikt unvermeidbar, bevor ein Ausweg gefunden wird. Auf der anderen Seite müssten die am Krieg und an der Besatzung beteiligten Regierungen Formen der Entschädigung und der Hilfe für das irakische Volk aushandeln, die gewiss nicht aus Lieferungen von Gewehren und Panzern bestehen können. Eher sollten sie konkrete Wiederaufbauhilfe leisten, ohne dabei die Ressourcen des Landes zu plündern.

5. Widerstand

»Wir Iraker haben das Recht, für die Befreiung unseres Landes zu kämpfen, wie es in Vietnam geschehen ist, in Algerien ...« Der zuletzt Angekommene, ein Mudschahed, der eine Dischdascha und eine weiß-rote Kufija auf dem Kopf trägt, fängt an, diese Worte von einem Blatt in seiner Hand zu lesen, während andere um ihn herum sich bemühen, den Hintergrund für mein erstes Video als Gefangene vorzubereiten. Ich traue meinen Ohren nicht, mich überkommt erneut eine große Wut gegen die Gruppe, die mich entführt hat, aber auch gegen mich selbst: Es ist, als wäre ich eine Geisel meiner eigenen Überzeugungen. Ich schaffe es nicht einmal mehr, meinen Entführern zuzuhören – die üblichen zwei »Wärter« wohnen dieser dramatischen Aufführung nicht bei –, ich unterbreche den Mudschahed und schreie: »Ausgerechnet mir sagt ihr, dass ihr das Recht zum Kampf für die Befreiung eures Lands habt? Mir, die ich schon immer gegen den Krieg, gegen die Besatzung war? Was wollt ihr von mir? Warum musstet ihr ausgerechnet mich kidnappen?« Der Mann, von dem ich nur die Augen hinter seiner Brille sehen kann, bleibt gelassen, er lässt sich von meiner zu erwartenden Reaktion nicht aus der Ruhe bringen: »Wir wissen, wer du bist, aber das ist der Krieg. Wir alle hier befinden uns im Krieg und müssen jedes Mittel verwenden, das uns zur Verfügung steht, auch dich.«

Ich sitze in der Falle. Wie werde ich jemals hier herauskommen? Meine Gedanken überstürzen sich, während sie mich auf einen Hocker vor eine weiße Wand setzen: Da ist keine Fahne, keine Forderung, stelle ich fest, aber vielleicht kommt das noch. Auch wenn da etwas geschrieben stünde, könnte ich es in meiner Erregung kaum entziffern. (Erst nach meiner Freilassung habe ich erfahren, dass sie den unglaublichen Namen »Mudschaheddin ohne Grenzen« verwendet haben.)

Eine Woche lang hatte ich auf diesen Augenblick gewartet, schon gleich nach der Entführung hatten sie mir gesagt, ich solle in einem Video den Rückzug der italienischen Truppen aus dem Irak fordern. Ich war ungeduldig und wollte es sofort tun. Um die Folgen zu sehen. Ich machte mir keine Illusionen: Jetzt verstand ich, dass es um mein Leben ging. Dass ein Ultimatum mich dem Ende meines Lebens näher bringen konnte.

Sie fordern mich auf, die Kleider anzuziehen, die ich bei der Entführung getragen habe, und mir die Haare zurechtzumachen, was kein leichtes Unterfangen ist: Nach einer Woche im Bett, den Kopf in meinen schwarzen Schal gewickelt, sind sie ganz verklebt. Ich habe nicht einmal einen Spiegel. Außerdem will ich mich nicht auf mein Aussehen konzentrieren, viel eher denke ich an die Wirkung, die mein Erscheinen auf dem Bildschirm besonders auf meine Familie haben wird.

Mein Ziel ist ein anderes. Wollen meine Entführer, die sich Mudschaheddin, Kämpfer, nennen, wirklich den Rückzug der Truppen? Und wieso verstehen sie nicht, dass sie diesen mit einem Ultimatum an Silvio Berlusconi niemals erreichen werden? Auch wenn sie stark politisch orientiert sind, denken sie mit einer Logik, die sie zu ganz anderen Schlüssen führt als mich. Ich will jedenfalls nicht kampflos aufgeben: »Mit einem Ultimatum an die Regierung werdet ihr nichts erreichen, schon gar nicht mit der Drohung, mich zu töten, unter anderem deshalb, weil ich Journalistin einer kleinen Oppositionszeitung bin. Wer sollte sich ausgerechnet um mich sorgen?«

Sie antworten mir, dass ich im Gegenteil wichtig zu sein scheine, immerhin habe der italienische Regierungschef Berlusconi alle arabischen Länder um Hilfe gebeten, sogar Saudi-Arabien, betonen sie. Ich gebe mich nicht geschlagen: »Wenn ihr daran denkt, mich im Fall einer Ablehnung der italienischen Regierung umzubringen, ist es besser, ihr tut es sofort. Es ist schließlich leichter, eine unschuldige und unbewaffnete Frau zu töten, als auf die Straße zu gehen und gegen die voll bewaffneten amerikanischen Truppen zu kämpfen.« Die Antwort auf meine Provokation ist kurz: »Wir wollen dich nicht töten, wir sind keine Killer.« Womöglich gibt es also einen Verhandlungsspielraum, aber was soll ich jetzt tun? Wie kann ich vermeiden, dass mein Appell zum klassischen Satz wird: »Wenn ihr euch nicht zurückzieht, werden sie mich umbringen«? Wie kann ich diesen Menschen erklären, dass diejenigen, die sich in Italien, leider ohne Erfolg, gegen den Krieg eingesetzt haben, sich jetzt gegen die Besatzung aussprechen und nur sie die richtigen Gesprächspartner für jene sind, die Iraks Befreiung wollen? Aber da sie gerade mich entführt haben und mich nun gefangen halten, sind sie für diese pazifistischen Worte wohl nicht empfänglich, sie sind überzeugt, dass man die Amerikaner nur mit Gewalt und bewaffnetem Kampf zum Rückzug zwingen kann. Ich sehe die Notwendigkeit des bewaffneten Widerstands ein, aber wie können sie nur daran glauben, eine Armee wie die der USA zu besiegen? Andererseits schaffen sie es, das mächtigste Heer der Welt, das in wenigen Tagen den Irak besetzt hat, daran zu hindern, das Land und dessen Ressourcen unter Kontrolle zu bringen. Und das ist nicht wenig.

Der übliche Stromausfall behindert die Arbeit der Techniker bei der Videoaufnahme. Während sie nach einer alternativen Lichtquelle suchen, gelingt es mir, den Entführern klar zu machen, dass mein Appell nicht nur an Berlusconi und an die Regierung gerichtet ist, sondern auch an die Kriegsgegner. Für die Beleuchtung während der Aufnahme wird ein Neonlicht »made in China« ausfindig gemacht – fast alle im Irak zu erwerbenden elektrischen Haushaltsgeräte kommen aus China –, das die schwarze Farbe meines Sweatshirts grün aussehen lässt, so dass in Italien über die Wahl meiner Kleidung gerätselt wird: islamisches oder militärisches Grün, oder was sonst? Nein, einfach eine der vielen Folgen der mangelhaften Stromversorgung im besetzten Irak.

Nach der schwierigen Installation der Neonbeleuchtung kann endlich mit der Aufnahme begonnen werden: Der Sinn der Botschaft wird selbstverständlich von meinen Entführern festgelegt, die mich in diesem Falle nicht mit Waffen bedrohen. Ich darf jedoch die Worte wählen, allerdings in einer Sprache, die nicht meine und nicht ihre ist – ich habe die Wahl zwischen Englisch und Französisch und entscheide mich für Zweiteres. Auch diese zufällige Entscheidung fürs Französische löst Vermutungen über Verbindungen zwischen meiner Entführung und der Entführung der französischen Journalistin Florence Aubenas aus. Meinen Entführern gefällt der Ton meines Appells nicht: »Du klingst wie in einer Schulaufführung, du musst überzeugender wirken.« Sie wollen, dass ich dramatischer auftrete. Vielleicht aus diesem Grunde befehlen sie mir, dass ich mich an meine Familie wende, insbesondere an meinen Mann: »Nur er kann dich retten, aber du musst überzeugend wirken. Du musst ihm sagen, er soll demonstrieren, was du alles getan hast, er soll die Fotos zeigen.« Also sind sie über meine Arbeit informiert. Als ich mich dann an meinen Mann wende und ihn beim Namen nenne, reicht es ihnen nicht, ich soll »mein Mann« sagen, eine Anrede, die ich niemals verwende. Vielleicht zweifeln sie daran, dass ich überhaupt einen Ehemann habe, da im Fernsehen nie die Rede davon war, dass ich verheiratet bin. Bin ich auch nicht. Auf einmal wirke ich eher aufgeregt als überzeugend. Das Ergebnis ist ja bekannt.

Ich muss allerdings sagen, dass mir meine Kidnapper in Sachen Video nicht sehr erfahren schienen. Als ich nämlich meinen Bodyguard später frage, ob das Video von al-Dschasira ausgestrahlt worden sei, antwortet er, dass der Satellit in den Tagen nicht funktioniert habe und sie die Golfsender daher gar nicht empfangen konnten. Außerdem sei die Aufnahme nicht sehr gut geworden, womöglich würden sie sie gar nicht verwenden. Eine Möglichkeit, die mich beruhigte, weil mich meine Familie dann nicht in diesem Zustand sehen würde!

Mein Kampf um die Realisierung des Videos ist in gewisser Weise der erste Akt meines Widerstands gegen diejenigen, die sich Mudschaheddin des irakischen Widerstands nennen. Seit diesem Moment habe ich den Widerstand zu meiner Pflicht erklärt. Widerstehen, um stets in der Lage zu sein, meine Entführer zu ärgern, widerstehen, um mich nicht gehen zu lassen, um mich nicht hilflos den Gefängniswärtern zu ergeben, widerstehen, um meine Würde zu bewahren. Aber wie? Ich dachte an Menschen, die ähnliche oder auch schlimmere Erfahrungen gemacht hatten: Jahre in Gefangenschaft, Jahrzehnte in der Isolation. Für mich war Nelson Mandela immer das Symbol der Würde. Ich denke daran, wie er unversehrt die 27 Kerkerjahre der Apartheid überstand und nie seine historische Aufgabe aus den Augen verlor. Nelson Mandelas Bild war mir während der Gefangenschaft die ganze Zeit über vor Augen, nur ich sah es, keiner sonst konnte es berühren. Er war wie eine Ikone, die sich von der weißen Wand gegenüber meinem Bett abhob. Natürlich konnte ich meine und seine Gefangenschaft nicht vergleichen, doch seine Kraft leuchtete in mein dunkles Zimmer herein.

Aber es ging nicht nur ums Durchhalten. Ich war überzeugt, dass ein stärkerer Widerstand meinerseits auch die Mobilisierung für meine Befreiung bei den Menschen da draußen verstärken würde, wie durch eine Art Telepathie. Etwas Ähnliches muss geschehen sein, auch wenn es sich um nichts Außerordentliches, sondern nur um die Kraft der Überzeugungen handelte, die Gefährten, Bekannte und Unbekannte über die Jahre mit mir geteilt haben.

Am Sonntagabend, zwei Tage nach meiner Entführung, in einem der raren Momente von Nachgiebigkeit seitens meiner Entführer, einer Nachgiebigkeit, die mit der Zeit zunehmend schwand, durfte ich in den englischen Euronews einen Bericht über mich sehen. Meine Hoffnungen waren nicht unbegründet: Schon am Tag nach meiner Entführung hatte ein Fackelzug zum römischen Kapitol stattgefunden, mein Foto hatte die früher dort gezeigten Bilder von Simona Torretta, Simona Pari, Manhas und Ra'ad ersetzt. Meinem Bild folgten dann die von Florence Aubenas und

Hussein Hanoun. Viele Menschen nahmen an dem Fackelzug teil, eine Nahaufnahme zeigte auch die zwei Simonas, schweigend und mitfühlender als andere. Solche Erfahrungen lassen sich kaum in Worte fassen. Aber der aufkommende Optimismus ließ am Ende des Berichts nach. Eine Forderung des Dschihad stellte Berlusconi ein letztes Ultimatum: Wenn er den Rückzug der Truppen bis Montagabend nicht ankündigt (es war schon Sonntagabend), werden wir sie töten. Erst Ungläubigkeit, dann Verzweiflung, dann Angst. Zum ersten Mal hatte mich jemand mit dem Tod bedroht und eine zeitliche Frist festgelegt. Als die Wärter meine Reaktion auf das im Fernsehen angekündigte Ultimatum wahrnahmen, versuchten sie mich zu beruhigen und erklärten, dass sie nicht zum Dschihad gehörten, dass die Forderung vorgetäuscht sei, dass sie keine Killer seien. Ich muss wohl nicht erwähnen, dass ihre Bemühungen mich keineswegs beruhigen konnten.

Die Entführer

Doch wer waren meine Entführer? Wäre da nicht die Angst gewesen, dass man mich tötet, hätte ich die Bedingungen der Gefangenschaft vielleicht besser ertragen. Denn in meinen »optimistischen Momenten« dachte ich, dass meine Entführung sogar eine Gelegenheit wäre, alle meine bisherigen Analysen des Widerstands »von innen« zu überprüfen. Das war kein leichtes Unterfangen. Von Anfang an galt meine Aufmerksamkeit dem Bemühen, die Identität der Entführer festzustellen. Die Möglichkeit, es könne sich um gewöhnliche Kriminelle handeln, hatte ich verworfen. Meine Wärter versicherten mir, sie seien nicht die »Killer«

von al-Sarqawi. Zwar traute ich ihren Aussagen nicht wirklich, aber manchmal hatte ich das Bedürfnis, daran zu glauben, um die dunklen Tage besser zu überstehen. Der mehr oder minder regelmäßige Meinungsaustausch und Wortwechsel mit ihnen ließ mich an ihre tatsächliche Zugehörigkeit zu der lockeren Ansammlung von Gruppierungen glauben, die sich selbst »irakischer Widerstand« nennt. Meine Ängste hinderten mich daran, zu viele Fragen zu stellen, deshalb beschränkte ich mich aufs Beobachten und Zuhören, um die Nebelwolke zu durchbrechen, mit der sie mich verunsichern wollten. Erst gegen Ende der Gefangenschaft konnte ich Schlüsse ziehe. Auch wenn ich nicht verhehle, dass ich manchmal nur mit Mühe meine Neugier bremsen konnte, vor allem wenn sie mich provozierten, indem sie mir den Unterschied zwischen ausgebildeten Kämpfern (Mudschaheddin) und Helfern (wie mein Bodyguard) erklärten. Sie erzählten mir auch, dass sie in kleinen Zellen (circa zehn Personen) organisiert seien, die in jedem Viertel operierten. Andere Zeugnisse bestätigen diese Information. Einmal fragte mich Abbas sogar, ob ich die Mudschaheddin fotografieren wollte: Ich redete mich mit der Bemerkung heraus, dass sie mir doch die Kamera weggenommen hätten.

Innerhalb dieser regionalen Arbeit, die sich übrigens schon zu Saddams Zeiten weit entwickelt hatte, bewegen sich diese Mudschaheddin in ihrem Gebiet wie Fische im Wasser.

Nach einer weit verbreiteten Meinung existierte der bewaffnete Widerstand schon vor Bushs Eingreifen. Oft dachte ich in diesen Monaten an die Drohungen, die Saddam kurz vor dem Krieg gegen die Amerikaner ausgestoßen hatte: »Wir werden sie bis zu den Toren Bagdads vorrücken lassen, dann werden wir Straße um Straße, Haus um Haus den Kampf führen.« Mit einem Hinweis auf die Geschichte des Landes nannte Saddam Bush »den neuen mongolischen Herrscher«, wie der Rais es gerne tat, um seinen Worten mehr Emphase zu verleihen, und verglich ihn mit Hulagu, dessen Horden vor acht Jahrhunderten den Irak heimgesucht hatten. Er donnerte: »Mit Allahs Hilfe werde ich den Mongolen vor den Toren Bagdads Einhalt gebieten. Wie damals will uns auch heute ein neuer Hulagu angreifen und zerstören.« Die »Mongolen« sind nicht gestoppt worden. Aber für die Amerikaner ist es keineswegs ein »Spaziergang« gewesen, wie sie ihre Soldaten glauben machen wollten. Dies war die einzige Vorhersage des Rais, die sich bewahrheitet hat.

Über die »präventive« Vorbereitung eines Guerillakampfes für die Zeit nach der Invasion hatte Scott Ritter berichtet. Nachdem der umstrittene Inspektor (1991–1998) der UNSCOM vom Irak beschuldigt worden war, ein Geheimagent der Amerikaner zu sein, beschuldigte er seinerseits Washington, Spione als Inspektoren zu senden. Ritter schrieb über seine Kontrollaktivitäten: »Ich fand zwar keinen Beweis für die Existenz von Massenvernichtungswaffen, aber ich entdeckte eine organisierte Gruppe, die sich auf die Herstellung und den Gebrauch von ›handwerklich gebauten Sprengkörpern‹ spezialisierte, von der Art Bomben, die heute im Irak täglich Amerikaner töten« (»Christian Science Monitor«, 10. November 2003). Die Organisation, auf die sich Ritter bezieht, ist die M-21 genannte Führungsabteilung des irakischen Geheimdienstes. Dass die Guerilla eine organisierte und ausgebildete Komponente hat, wird auch von lokalen Zeitungen wie der kurzlebigen »Iraq Today« oder der internationalen »New York Times«

mit Beweisen untermauert. Andererseits hat die Auflösung von Saddams mächtiger Armee und seiner Geheimdienste etwa 400 000 gut trainierte und bewaffnete Iraker in die Freiheit und anfänglich auch in die Arbeitslosigkeit entlassen. Die Waffenlager des Regimes sind nicht von den USA aufgelöst oder übernommen worden, sie wurden vielmehr ausgiebig geplündert. Die einzigen Waren, an denen es im Irak nicht fehlt, sind Waffen. Auch wenn viele ehemalige Soldaten, mit denen ich im Sommer 2003 sprechen konnte, sagten – vielleicht um das Gesicht zu wahren –, dass sie im Heer dienten, um ihr Vaterland, nicht Saddam zu verteidigen, und sie jetzt durch das Vorgehen der USA eine große Demütigung empfänden, ist es nicht schwer zu erraten, gegen wen sie die Waffen richteten. Es gibt also mit Sicherheit einen organisierten Kern der Guerilla, der im Wesentlichen aus Baathisten (die Partei hatte eine eigene Miliz) und ehemaligen Soldaten besteht. Nicht zufällig befinden sich die Hochburgen des Widerstands gerade in den Gebieten, aus denen die meisten Offiziere Saddams kamen: Bakuba, Falludscha, Samarra etc. Zu diesen Gruppen sind weitere Kräfte hinzugestoßen: ethnische, islamistische, nationalistische. Unterwegs zwischen Falludscha, Bakuba und Balad, als man sich im Irak noch bewegen konnte, hatte ich mit vielen jungen und weniger jungen Menschen gesprochen, die sich zwar nicht zum Widerstand bekannten, ihn jedoch unterstützten oder mit ihm sympathisierten; sie erklärten sich bereit, den Mudschaheddin zu helfen. Einige der weniger jungen Gesprächspartner – unter ihnen war auch ein von Saddam entlassener Ingenieur der Kommunikationstechnologie – träumten nach dem Fall des Rais, der die Baath-Partei ihrer Identität beraubt hatte, von einer Rückkehr zum ursprünglichen nationalistischen, laizistischen und sozialistischen Charakter der politischen Gruppierung. Andere hingegen unterstützten den Widerstand, um die durch die Besatzung erlittene Demütigung wiedergutzumachen oder um die konservative Gesellschaft vor der Überschwemmung durch westliche Sitten zu bewahren. Andere wiederum sprachen im Namen des Islam, der in dem Machtvakuum ein wichtiges Mittel des Zusammenhalts geworden ist. Es gab sogar Verzweiflung als Motiv des Widerstands: Eine Frau, deren Sohn, der einzige Ernährer der Familie, durch die Amerikaner umgekommen war, weil er sich gerade an einer Stelle in der Peripherie Bagdads aufgehalten hatte, in der eine Durchsuchung stattfand, hatte mir gesagt: »Ich bin mit dem Herzen beim Widerstand.« Neben dem bewaffneten Widerstand existiert nämlich auch ein friedlicher, stiller Widerstand, der aus alltäglichen Aktionen besteht, der jedoch nicht sichtbar ist und ohne Waffen nicht von sich reden machen, sich nicht Gehör verschaffen kann. Die Tatsache, dass der bewaffnete Widerstand keine anerkannte politische Vertretung besitzt, macht es schwer, sein Profil zu beschreiben. Die verschiedenen Gruppen, die sich gegen die Besatzung auflehnen, verteilen sich über eine breite Palette, die sich sowohl auf der politischen Ebene wie auch durch die Formen des Kampfes unterscheidet und in einigen Fällen dem Terrorismus nahe kommt.

Mudschaheddin und Dschihadisten

Die Befreiung des Irak von der fremden Besatzungsmacht ist die Demarkationslinie, die im Wesentlichen die Mudschaheddin und die »Aufständischen« von den »Dschihadisten« unterscheidet. Letztere haben den Irak seit der amerikanischen Besetzung zum Kampfplatz für ihren Dschihad gegen den Westen gemacht. Ihre Aktionen rühren von einer Vision des »globalen Islam« her: Die Ungläubigen müssen allerorts bekämpft werden. Der Krieg hat ihnen mit dem entstandenen Chaos einen günstigen Nährboden bereitet. Die aus arabischen und muslimischen Ländern stammenden »Dschihadisten« haben oft eine »afghanische Vergangenheit« und konnten problemlos in den Irak reisen, weil die Grenzen nach dem Zusammenbruch des Regimes lange Zeit unbewacht blieben. Sie unterscheiden sich vom Widerstand sowohl in der Art des Kampfes als auch in den Zielen. Eine Kultur des Todes, die Kamikaze motiviert, ist nicht Teil der irakischen Tradition, auch wenn der Gruppe der »Fedajin Saddam«, der paramilitärischen Miliz, die von Saddams Sohn Uday angeführt wurde, eine Gruppe von Selbstmordkandidaten angehörte. Bei den Paraden, denen ich unmittelbar vor dem Krieg beiwohnen konnte, trugen sie einen weißen Kampfanzug, während die anderen schwarz gekleidet waren. Als der Unteroffizier Ali Hammad al-Namani sich während des Krieges mit der Unmöglichkeit konfrontiert sah, den Vormarsch der amerikanischen Truppen aufzuhalten, sprengte er sich am 30. März 2003 samt dem Auto, in dem er saß, in die Luft. Zuvor hatte er den Wagen vor einen Sperrposten der Amerikaner gestellt und damit vier Marines getötet und viele weitere Soldaten verwundet. Der Held der ersten Selbstmordaktion war damals von Saddam Hussein persönlich mit der höchsten militärischen Ehrung, der Medaille Um al-Marik, der »Mutter aller Schlachten«, bedacht worden. Es war der »Märtyrer« Ali, der im Irak dem Dschihad die Tore öffnete. Wenn ich mich jedoch recht erinnere, war in diesen Tagen der wahre Held der Iraker ein anderer Ali – nämlich jener Bauer von Kerbala, der einen

Apache, einen amerikanischen Hubschrauber, mit seinem Gewehr abgeschossen hatte. Wirklichkeit oder Volksmärchen? Das war den Leuten egal. Ali diente zur Hebung der Moral, an der heftig das Gefühl der Ohnmacht gegenüber dem unaufhaltsamen Vormarsch der Invasoren nagte. Diese Ohnmacht spürten wohl auch die Vertreter des zusammenbrechenden Regimes, die Hunderte »menschlicher Schutzschilde« aus vielen, vor allem westlichen Ländern zum Schutz strategischer Stellen wie Aquädukte, Raffinerien und Kraftwerke aufgestellt hatten und nun die Kamikazekämpfer in die erste Reihe schickten. Damals (Ende März 2003) bestätigte der Vizepräsident Taha Dschassin Ramadhan den Dschihad, den »heiligen Krieg« als die »von Gott vorgeschriebene Pflicht« jedes Muslim und drohte mit der Selbstsprengung von 4000 Kamikazekämpfern aus vielen arabischen Ländern. Die Selbstmorde fingen jedoch erst an, als Ramadhan und Saddam schon nicht mehr dabei waren.

Während die Kamikazekämpfer überwiegend nichtirakische Araber sind, sind die Selbstmordattentäter – eine von den terroristischen Organisationen bevorzugte Kampfwaffe – zum großen Teil Iraker. In einigen Fällen ist ihre einzige »Schuld« der Wunsch, in die Armee oder in die Polizei einzutreten, in anderen Fällen waren sie nur zur falschen Zeit am falschen Ort. Ohne Zweifel ist die Bildung eines Heeres, das die Kontrolle über das Land ausüben kann, ein neuralgischer Punkt für die Zukunft des Irak. Viele der Rekrutierungskandidaten, die ich im November 2003 interviewte, erklärten mir, sowohl bei der Polizei als auch beim Heer dienen zu wollen, um das irakische Territorium zu überwachen und so die unerlässliche Bedingung zur Wiedererlangung der Souveränität zu schaffen und den Rückzug der ausländischen Truppen zu erzwingen. Wahrscheinlich sind diese jungen Leute nur ahnungslos oder suchen eine »patriotische« Motivation für ihre Berufswahl, die tatsächlich eine der wenigen Alternativen zur Arbeitslosigkeit darstellt. Eine Ahnungslosigkeit, welche die Interessen der Krieg führenden Länder außer Acht lässt; diese werden vom Reichtum des Irak nicht so leicht die Finger lassen. Doch die Präsenz eines gut funktionierenden irakischen Heeres im Land wäre ein großes Hindernis für die »Dschihadisten«, die mit Vorliebe die Anwerbung der irakischen Rekruten verfolgen, die sie für Kollaborateure halten. Die Praxis der Massaker an zufällig anwesenden Irakern, die auch »Widerstand« genannt wird, hat eine derart unhaltbare Situation geschaffen, dass der Rat der Ulemas eingreifen musste. Am Freitag, dem 25. Juni 2004, erklang während des Gebets die einstimmige Verurteilung in allen sunnitischen Moscheen, von al-Qora (der ehemaligen Um al-Marik, dem Sitz des Ulema-Rats) bis zur Moschee von Abu Hanifa, wo ich mich an dem Tag aufhielt. Die Moschee von Abu Hanifa im Herzen des sunnitischen Viertels Adhamija, deren herrliches Minarett im April 2003 von einem Kanonenschuss getroffen wurde, war der Ort, den die Amerikaner für Saddams Versteck hielten. Der heilige Ort ist ein Bezugspunkt der Mudschaheddin. »Niemand hat das Recht, einen anderen Iraker, nicht einmal einen Polizisten, zu töten. Diese Morde beschmutzen das Image des Widerstands«, hatten die Ulemas ausgerufen und diese Meinung vertraten auch die Gläubigen, die ich nach dem Gebet befragte. Einige waren auch gegen die Tötung von Amerikanern, einige hielten sie für ein notwendiges Übel, doch alle sagten übereinstimmende, dass man keine Iraker töten dürfe, so etwas sei nie geschehen, es widerspreche dem Islam. Ein zusätzlicher Schritt der Ulemas war die Verurteilung der neuen Kriegswaffe, der

Entführung von Menschen. Diese Verurteilung kam aber erst in dem Augenblick, als Vertreter der humanitären Organisationen und Journalisten zur Zielscheibe der Entführer wurden. Für die *contractors* galt eine solche Verurteilung nicht, niemand bezog dazu Stellung. Die *contractors* sind diejenigen, die von der Privatisierung des Krieges profitieren: Sie übernehmen die Sicherheit und erledigen die Drecksarbeit für die Besatzungsheere oder sie arbeiten für multinationale Unternehmen.

Das Ziel des Widerstands ist eindeutig: der Besatzung ein Ende zu bereiten und die Souveränität des Landes wiederherzustellen. Hingegen ist nicht klar, welche Zukunft dem Land bevorsteht. Es gibt keine vom bewaffneten sunnitischen Widerstand anerkannte politische Vertretung. Dieser Widerstand setzt sich aus einer Galaxie von Gruppierungen zusammen; innerhalb derer gibt es, wie schon gesagt, ehemalige Baath-Parteimitglieder, Islamisten, Nationalisten, ethnische Führer, die noch keine repräsentative Gestalt gefunden haben, mit der sie sich identifizieren, vielleicht weil sie sich noch immer vom Gewicht des autoritären Regimes und von der Person Saddams erdrückt fühlen. Saddam ist eine Ikone, die übrigens während der Demonstrationen gegen die Verfassung wieder auftauchte. Auch wenn wahrscheinlich niemand, nicht einmal die früheren Saddam-Anhänger, an eine Rückkehr des ehemaligen Rais an die Macht glauben. Dies ist eine Schwäche des Widerstands, aber auch der ganzen sunnitischen Gemeinde und diese wird ihrerseits wieder vom bewaffneten Widerstand kontrolliert, der ihr seine Entscheidungen aufzwingt. An Einfluss gewinnen die Sunniten am Ende nur durch den Rat der Ulemas, eine anerkannte religiöse Autorität, die jedoch nicht das gleiche Ansehen genießt wie die vom großen Ajatollah Ali al-Sistani geleitete Mardschaija, weil die Sunniten keine hierarchisch aufgebaute Geistlichkeit wie die Schiiten haben. Die religiöse sunnitische Organisation hat zwar oft als Vertretung in den Beziehungen mit den Autoritäten und in den politischen Entscheidungen agiert, doch kann sie mit Sicherheit nicht die allgemeine Machtlücke in der politischen Sphäre ersetzen. So erklärt Hareth al-Dhari, der Sekretär der Vereinigung der Ulemas, die Position der religiösen Scheichs: »Der Widerstand ist eine Wirklichkeit, die nicht negiert werden kann, sie wird von Freunden und Feinden wahrgenommen. Außerdem ist Widerstand ein legitimes Recht jedes Volkes, das von Katastrophen wie der im Irak betroffen ist. Da wir Teil des Volkes sind und Einfluss haben, unterstützen wir den Widerstand mit Überzeugung. Wir unterstützen den Widerstand mit dem Gebet, wir rechtfertigen ihn, solange es eine Besatzung geben wird. Wir sind nicht die Anführer des Widerstands, wir nehmen nicht daran teil und wir finanzieren ihn nicht« (Interview im al-Majid tv, 28. August 2005).

Die neuen Taliban

Auf militärischer Ebene ist der Widerstand trotz starker Bewaffnung und guter Ausbildung natürlich nicht in der Lage, mit dem amerikanischen Heer zu konkurieren. Dieses wiederum ist nicht in der Lage, eine Guerilla zu besiegen, die sich in der Region zu Hause fühlt und auf Unterstützung und Zustimmung der Bevölkerung rechnen kann. Die Repression, die Bombardierungen, die Folter, die Diskriminierungen, sie nähren nur den Boden des Widerstands, der trotz allem nicht immer freiwillig ist. Es fehlt nämlich nicht an Zwängen und an Nötigung seitens der bewaffneten Gruppen. Bei den Wahlen vom 30. Januar 2005 wurden viele, die sich der Aufforderung der Nichtteilnahme widersetzten, mit der Amputation des mit unauslöschlicher Tinte befleckten Fingerglieds bestraft (das bewies, dass man zur Wahlurne gegangen war). Auch wurden zwei sunnitische Politiker ermordet, die der Kommission für die Ausarbeitung der Verfassung angehörten. Die Hinrichtung von Spionen oder Verdächtigen ist an der Tagesordnung. Ebenso wie das Aufzwingen des islamischen Rechts durch wahhabitische Gruppen, die sich ein Beispiel an den Taliban nehmen.

Die Offensive der amerikanischen Armee im sunnitischen Dreieck ist auch auf militärischer Ebene im Wesentlichen gescheitert: Die bewaffneten Gruppen setzen sogar im zerstörten Falludscha ihre Aktionen fort, sie arbeiten mit immer raffinierteren Waffen und immer genauer anvisierten Zielen. Die schweren Bombenangriffe haben lediglich der Zivilbevölkerung Schaden zugefügt, während die Kämpfer unbehelligt von einem Ort zum anderen ziehen können.

Auch die al-Qaida verbundenen Gruppen sind den amerikanischen Angriffen entkommen. Vor dem Krieg gab es nur eine Gruppe, die mit der terroristischen Organisation von Osama bin Laden zusammenhing, die Dschund al-Islam (Soldaten des Islam), die 2001 aus der Vereinigung verschiedener fundamentalistischer sunnitischer Gruppen entstanden war. Eine dieser Gruppen stammte von der Kurdischen Islamischen Bewegung her. Einige Hundert Mitglieder, die zum Teil in Afghanistan ausgebildet waren, hatten sich im kurdischen Gebiet von Halabdscha (wo Saddam 1988 5000 Menschen vergast hatte) an der iranischen Grenze angesiedelt. Hier hatten sie die Macht über einige Dörfer übernommen, ihr auf dem Kalifat basierendes politisches Modell erprobt und der Bevölkerung ein Leben im Stil der Taliban aufgezwungen: Sie hatten die Mädchenschulen in Brand gesteckt, die Frauen ohne Burka auf der Straße ermordet. Dann führten sie Krieg gegen die patriotische Vereinigung des Kurdistans von Dschalal Talabani, der die Region beherrschte. Die Gruppe hatte keine Verbindung zu Saddam, wie ihr Emir, Mullah Krekar, behauptet. Dieser Kurde lebt in Norwegen, wo er durch Heirat die norwegische Staatsangehörigkeit erhalten hat. »Als Kurde glaube ich, dass Saddam Hussein unser Feind ist, auch als orthodoxer Muslim glaube ich, dass er und seine Leute außerhalb des Islam stehen«, hatte Krekar in einem BBC-Interview am 31. Januar 2003 in Norwegen erklärt. Laut Washington soll jedoch der Rais in Wirklichkeit diese Gruppe finanziert haben, die seit 2003 den Namen Ansar al-Islam übernommen hat. Dieser Tatbestand ist für Bush ein ausreichender Beweis für Saddams Verbindung mit dem Terrorismus. Zu Beginn der Invasion haben die Amerikaner zusammen mit den Peschmerga von Dschalal Talabani die Stützpunkte von Ansar al-Islam in Kurdistan bombardiert und die Organisation gezwungen, etwas weiter südlich in das sunnitische Gebiet nach Tikrit und Mosul zu ziehen. Unter den aufsehenerregendsten Aktionen, die von der Gruppe mit dem Namen Ansar al-Sunna beansprucht werden (einige sprechen von einer einfachen Namensänderung, einige von einer aus Ansar al-Islam entstandenen Gruppe), sind die Selbstmordattentate gegen die Sitze der zwei größten kurdischen Parteien am 1. Februar 2004 in Erbil (über 100 Tote) und das Attentat auf die Kantine des militärischen Stützpunkts in Mosul am 21. Dezember 2004 (über 20 Tote). Dazu kommen noch Entführungen und Tötungen von Geiseln. Aber die wahre Entdeckung machte die britische Tageszeitung »The Guardian« (22. August 2005): Ansar al-Sunna kontrolliert in Zusammenarbeit mit der vom Chef der al-Qaida im Irak, Abu Musab al-Sarqawi, geführten Gruppe Tahwid die kleine landwirtschaftliche Stadt Haditha, die sich 200 Kilometer nordwestlich von Bagdad an den Ufern des Euphrats befindet. Eine Stadt, in der die Wahhabiten (ihr Chef ist angeblich ein nichtirakischer Araber) ihr Kalifatregime exerzieren: Verbot von Alkohol und Musik, verschleierte Frauen, kontrollierte Beziehungen zwischen den Geschlechtern, Auspeitschen von Ehebrechern. Zudem wird das Handynetz blockiert, während die Mudschaheddin – auch hier lassen sie sich so nennen – Walkie-Talkies und Satellitentelefone verwenden und auf den Straßen der Stadt die linke Spur für die eigenen Fahrzeuge reserviert haben. Die Enthauptungen finden bei Morgendämmerung auf der Brücke Haqlania an der Einfahrt nach Haditha statt. Wer nicht persönlich daran teilnehmen kann, findet am selben Nachmittag auf dem Markt die Aufnahme der Hinrichtung auf DVD. Der Artikel der britischen Zeitung nennt Haditha einen Ministaat der Taliban, der vor der Nase der Amerikaner entstanden ist. Diese hatten sich vor einem Jahr gerühmt, mit dem Ingenieurkorps des Heeres das nahe Kraftwerk wieder aktiviert zu haben, das den 90 000 Bewohnern 24 Stunden täglich Strom garantiert. Der wahrscheinlich einzige Fall dieser Art im Irak. Jetzt sonnen sich die Mudschaheddin und die Kämpfer von Ansar al-Sunna in ihrem Erfolg. Sie nehmen sich das Recht, in Haditha zu entscheiden, wer sterben und wer leben darf, wie sich die Leute anziehen sollen und was sie sehen oder hören dürfen. Bis vor einem Jahr war die Stadt eine von vielen in der Provinz Anbar, im »sunnitischen Dreieck«. Sie lag im Zentrum der Kämpfe zwischen Aufständischen und amerikanischen Truppen. Jetzt benutzen die Terroristen eine andere Taktik: Wenn die Amerikaner mit ihren Bomben eintreffen, ziehen sie weiter. Sie lassen die Bevölkerung unter den Bombenangriffen zurück und kommen nach dem Verschwinden der Flieger wieder; sie wollen nicht wie die Kämpfer von Falludscha enden. Wieder einmal ist die Zivilbevölkerung das Opfer der Angriffe auf Haditha, wie in den nahen Rawa und Parwana, aus denen Appelle von Ärzten zu hören sind, die von einer regelrechten humanitären Katastrophe sprechen: In den Krankenhäusern fehlen Antibiotika, künstlicher Sauerstoff und andere Grundmedikamente. Doch für die Kämpfer der Ansar al-Sunna lohnt es sich nicht, ihre Kräfte im Kampf mit den ausländischen Truppen aufzuzehren: Außer gegen die Vereinigten Staaten muss nämlich auch noch gegen die jetzt regierenden schiitischen »Abtrünnigen« gekämpft werden, wie der Vertreter von al-Qaida im Irak Abu Musab al-Sarqawi diktiert, der sich der Legende nach Mitte August in Haditha aufgehalten haben soll.

Die örtlichen Stammesführer fürchten sich vor den Terroristen. Sie rebellieren also nicht im Namen einer »Ordnung«, für die die Fundamentalisten ohnehin auf ihre Art sorgen, mit Peitschenschlägen und Enthauptungen. Genauso wie bei den Taliban in Afghanistan vor einigen Jahren. Ist dies das »afghanische Modell«, das die Vereinigten Staaten im Irak wieder etablieren wollten, indem sie auch den Kabuler Botschafter, den Amerika-Afghanen Salmaj Khalilsad, einen Bush ergebenen Neokonservativen, nach Bagdad schickten? Anstatt den Terrorismus zu vernichten, sind sie dabei, die besten Bedingungen für seine Verbreitung zu schaffen.

6. Religion

»Ich heiße Abbas und das ist Hussein«, stellen sich meine beiden »Gefängniswärter« vor, sobald die anderen beiden Entführer gegangen sind und uns in einem Haus zurückgelassen haben, das für vier Wochen mein Gefängnis sein soll. Abbas und Hussein wie die beiden Imame, die Söhne des Ali, des Stammvaters der Schiiten, denen die zwei prachtvollen Moscheen in Kerbala gewidmet sind, einer der heiligen schiitischen Städte. Zwei von Minaretten und goldenen Kuppeln überragte riesige Heiligtümer, einander gegenüber errichtet und lediglich durch eine breite Allee voneinander getrennt, beide stets voller Pilger, die sogar aus dem Iran anreisen. Vielleicht wollen sie mich glauben machen, dass sie Schiiten sind, zumindest versuchen sie es manchmal, vielleicht ist es aber auch nur Spaß. Zum Beispiel wenn sie von der Aschura sprechen, den Trauertagen, an denen mit schauerlichen Ritualen des Martyriums Husseins und Alis gedacht wird: Die Männer geißeln sich mit Eisenketten, bis sie bluten und zuweilen die Besinnung verlieren oder gar sterben. Zu Saddams Zeiten war das Ritual verboten, doch nach seinem Sturz hat man es wieder eingeführt, sogar mit noch größerem Fanatismus. Dieses Jahr fällt die Feier, die am zehnten Tag des Monats Moharrem stattfindet, der Hedschra zufolge ausgerechnet in die Zeit meiner Entführung. Abbas will mir weismachen, dass er extra für die Aschura nach Nadschaf (die erste heilige Stadt für die Schiiten, in der das Mausoleum Alis steht) fahren würde. »Willst du mitkommen?«, fragt er mich. Als wäre der Vorschlag ernst gemeint, erwidere ich, dass ich mich für dieses Ritual nicht begeistern kann und keinen großen Wert darauf lege, sinnlosem Blutvergießen beizuwohnen. Um die Wahrheit zu sagen, verzieht auch er verächtlich das Gesicht, ob wegen des Rituals oder der Schiiten im Allgemeinen ist für mich nicht ersichtlich.

Wie auch immer, angesichts der Namen, die sie sich ausgesucht haben, habe ich Abbas und Hussein den Spitznamen »die Kerbalas« gegeben und dem Nächstbesten, der hereingekommen wäre, hätte ich den Namen Ali verpasst, ohne darauf zu warten, dass er sich mir vorstellt. Sie spielen das Spielchen mit.

Von den Namen einmal abgesehen (nach meiner Freilassung sollte ich erfahren, dass sunnitische Entführer schiitische »Kampfnamen« benutzen), ist das Einzige, woran ich nie gezweifelt habe, die Tatsache, dass sie Sunniten (im Übrigen haben die Schiiten sich bisher noch nicht der Entführung als Waffe bedient) und Iraker waren. Und das war nicht wenig, auch wenn es noch nicht ausreichte, um völlig auszuschließen, dass sie einer Terrorgruppe des Netzwerkes von Mussab al-Sarqawi angehörten. Abbas und Hussein (oder Hsien, in der umgangssprachlichen Version) waren lediglich Wächter, aber gewiss keine reinen Handlanger, sie hatten studiert – einer von ihnen sagte, er habe die Universität abgebrochen, als die Amerikaner kamen – und waren politisiert. Abgesehen davon, dass sie sich, ohne großen Erfolg und auch ohne allzu große Überzeugung, als Schiiten ausgaben, wollten sie mir außerdem weismachen, dass sie sehr religiös wären, doch sie haben sich nie wie andere Entführer als Salafiten oder Wahhabiten definiert (die fundamentalistischsten Strömungen mit einer ausgesprochen strengen Auffassung des Islam). Kaum dass wir im Haus meines Gefängnisses angekommen waren, hatte man uns Essen gebracht, und Hussein (der mir der Interessiertere von beiden zu sein schien) war zudem mit einem Kassettenrekorder und einigen Kassetten mit Koranversen ausgestattet worden. Alle beide standen morgens um fünf auf, um zu beten, aber während Hsien den ganzen Nachmittag mit dem Kassettenrekorder herumlief und sich stundenlang von Koranversen beschallen ließ, schien Abbas sich lieber Fußball und Filme im Fernsehen anzusehen. Schwer zu sagen, ob die nachmittägliche Litanei eine Tarnung oder überzeugte religiöse Praxis war. Traditionen und religiöse Überzeugungen vermischten sich in ihrem Verhalten häufig. Und mein Anderssein, als westliche Frau, die – wenn auch beruflich – allein durch die Welt reist, überraschte sie und weckte ihre Neugier: »Was, dein Mann lässt dich allein durch die Gegend fahren?« Manchmal konnte ich ihre Neugier förmlich spüren, wenn sie sich abends etwas Zeit nahmen, um mit mir zu reden: Hsien konnte ein bisschen Englisch, Abbas ein paar Worte Französisch und ich benutzte das bisschen Arabisch, das ich konnte, und wann immer wir mit Worten nicht weiterkamen, halfen Gesten. Ehrlich gesagt fühlte ich mich in solchen Situationen ein bisschen wie ein Affe im Zoo, doch die Neugier war gegenseitig und auch ich profitierte von unseren Gesprächen.

Kurz nachdem sie mich entführt hatten, fragten sie mich nach meinem Alter: 56. Bist du verheiratet? Ja, ich konnte ihnen natürlich nicht erklären, dass ich seit 25 Jahren ohne

Trauschein mit meinem Freund zusammenlebte. Wie alt ist er? 53. 53? Er ist jünger als du! Am meisten aber erschütterte sie, dass ich keine Kinder habe. »Und dein Mann hat dich nicht verstoßen? Hat er eine andere Frau?« Sinnlos, ihnen zu erklären, dass man sich bei uns entscheidet, ob man Kinder haben möchte. Zum einen wäre es kompliziert gewesen, zum anderen wollte ich nicht zu sehr die Unterschiede hervorheben. Aber offenbar war das wie ein Wurm, der sich durch ihre Überzeugungen bohrte, und ein paar Tage später sollte einer von ihnen zu mir kommen und mich mit großer Diskretion fragen, ob ich je einen Arzt konsultiert hätte wegen meiner »Unfruchtbarkeit«. Zugegebenermaßen hat mich in manchen Augenblicken meine Geistesgegenwart verlassen und ich war nicht schlagfertig genug, um kühn zu erwidern, dass ja möglicherweise nicht ich unfruchtbar war. Diese Bemerkung hätte sie ganz sicher verwirrt.

Wann immer ich mich darüber beschwerte, dass sie mich so lange festhielten, scherzten sie, dass es für mich ganz praktisch wäre, im Irak zu bleiben, ich könne immerhin einen Ehemann finden (in diesem Fall nahmen sie keine Rücksicht auf die örtliche Kompatibilität meines Alters), und als ich antwortete, dass mir ein Ehemann reiche, zogen sie mich auf: »Warum, glaubst du etwa, der wartet noch auf dich? Der hat bestimmt längst eine andere Frau gefunden.« Das Machoklischee macht keinen großen Unterschied zwischen Ost und West. Ich wusste nicht, was Pier alles für mich tat, das sollte ich erst nach meiner Rückkehr erfahren, aber sicherlich war es sehr viel mehr, als ich mir je hätte vorstellen können.

Im Gegensatz zu anderen Frauen während ihrer Geiselhaft habe ich in meiner Gefangenschaft nie einen Schleier getragen und meine Gefängniswärter haben mich nie dazu aufgefordert. Wenn wir die Videos aufnahmen, sollte ich immer meine eigene Kleidung tragen, offenbar wollten sie, dass ich mich als die präsentiere, die ich bin. Wenn ich mir also meinen schwarzen Schal über den Kopf zog, dann nur deshalb, weil ich fror. Aber in den kurzen Augenblicken eines »Gedankenaustauschs« mit meinen Wärtern tauchte regelmäßig eine Frage auf: »Warum trittst du nicht zum Islam über?« Offen gesagt war das zuweilen weniger eine ernst gemeinte Frage als ein Aufhänger für eine Konversation, die unvermeidlich auf die Frage hinauslief: »Stimmt es, dass du ›schijooi‹ (Kommunistin) bist?« Ich tat so, als würde ich das Wort nicht kennen, aber ich wusste sehr wohl, dass sie es im Fernsehen gehört hatten, wenn dort von mir und von meiner Zeitung »il manifesto«, einer »kommunistischen Tageszeitung«, gesprochen wurde. Ich versuchte, die Antwort zu umgehen, denn ich wusste nicht, was für sie schlimmer wäre: Christin zu sein oder Kommunistin. Und ich war fast sicher, dass Kommunistin schlimmer wäre: Zu Saddams Zeiten genossen Christen Religionsfreiheit, während Kommunisten physisch eliminiert wurden. Dachten meine Wärter ebenso? Es war schwer, das herauszufinden, aber die Hartnäckigkeit, mit der sie mir immer wieder diese Frage stellten, machte mich misstrauisch. Um eine Antwort zu bekommen, hatten sie versucht, mich mit dem Beispiel Fidel Castro in die Enge zu treiben, und ich hatte abgelenkt und das Gespräch auf Guantanamo gebracht, wo Taliban und Terrorismusverdächtige interniert waren. Ausgerechnet in Guantanamo hatte der Gefängnisdirektor, Geoffrey Miller, das Foltermodell ausprobiert, das er später nach Abu Ghraib exportieren sollte.

Zu guter Letzt, als ich mich ihren bohrenden Fragen nicht mehr entziehen konnte – »du bist schijooi, du bist schijooi …« –, versuchte ich ihnen zu erklären, dass man Kommunist und Christ oder Kommunist und Muslim sein kann. Aber Hsien, der für einen Moment seine gewohnte Zurückhaltung aufgab, urteilte: »Nein, die Kommunisten sind gottlos.« Während meiner Geiselhaft musste ich manchmal an atheistische Freunde denken, die angesichts einer besonders schwierigen Situation oder eines schweren Verlustes das Bedürfnis verspürt hatten, einen transzendentalen Bezugspunkt zu suchen. Ich dagegen hatte, trotz der Schwierigkeiten, trotz des Risikos, getötet zu werden, nie das Bedürfnis, zu beten, einen Gott zu finden, an den ich mich wenden konnte, im Gegenteil, ich war wie besessen davon, den Bezug zur irdischen Realität nicht zu verlieren. Doch als ich nach Hause zurückkehrte, waren unter den Menschen, die wegen meiner Entführung gelitten, die sich mobilisiert, die mir geschrieben hatten, viele, die mir sagten, sie hätten Trost und Hoffnung im Gebet gesucht. »Wir haben so sehr für dich gebetet«, sagen mir immer wieder Menschen. Während ich dagegen dachte: Wenn ich den Glauben nicht in einer derart dramatischen Situation finde, werde ich ihn wohl nie mehr finden. Aber wer weiß!

Und so gab ich, vielleicht um meine Überzeugungen zu bekräftigen, vielleicht aber auch, um etwas gegen mein Image einer »Ungläubigen« zu unternehmen, eines Abends dem Drängen meiner Gefängniswärter nach und rezitierte ein Gebet aus dem Koran, wozu ich ihnen nachsprach. Zunächst nahmen sie zum Gebet die Stellung gläubiger Sunniten ein – die sich von der der Schiiten unterscheidet –, als ich sie darauf aufmerksam machte, lobten sie meine Kenntnis. Diesmal, zum Gebet, forderten sie mich auf, mich mit meinem schwarzen Schal zu bedecken. Aber um eine gute

Muslimin zu sein, fügten sie am Ende des Gebets hinzu, hätte ich mir das ganze Gesicht verhüllen müssen und nur noch die Augen freilassen dürfen, wie die wahhabitischen Frauen. Genau wie die Flüchtlingsfrauen aus Falludscha, dachte ich, die sich, Scheich Hussein zum Gefallen, von Kopf bis Fuß verhüllten. Aber angesichts meines rebellischen Charakters waren sie zu dem Schluss gelangt, dass nicht einmal diese Tracht mich unterwürfig mache, wie die religiösen Fundamentalisten die muslimische Frau gern haben, im Gegenteil, Abbas meinte, zu mir würde besser die Kleidung der Kämpfer passen: Auch die Mudschaheddin verstecken sich unter einer Kufija oder einem schwarzen Tuch. Ich hatte mich hingegen erfolgreich davor gedrückt, in islamischer Tracht fotografiert zu werden, mit der Begründung, die Religion sei eine ernste Sache, mit der nicht zu spaßen sei. Ich fürchtete natürlich, dass sie ein Foto von mir missbrauchen könnten (ich war immer sehr misstrauisch und ich hatte allen Grund dazu).

Die Gefangenschaft ließ mich die Last der von den Entführern zur Schau gestellten Religion noch deutlicher spüren, vielleicht weil sie sich allmählich zur Klaustrophobie auswuchs. Vielleicht wollten Abbas und Hussein auf diese Weise klarstellen, dass meine Position als Gefangene mich unterlegen machte, doch meine Lage drückte sich zu keinem Zeitpunkt in Unterordnung oder Unterwerfung aus: Es ist mir immer gelungen, kämpferisch zu bleiben, konfrontationsbereit. Selbst wenn sie mir sagten, dass eine Frau im Korridor nicht laut reden oder zu laut an die Tür klopfen dürfe, sagte ich ihnen gehörig meine Meinung und erhob dabei meine Stimme. Manchmal ließen sie sich Zeit, wenn ich klopfte, oder sie brachten mir mein Abendessen kalt, weil sie – wie mir schien – zuerst zu Ende essen mussten – ein Benehmen, das sie vor allem dann zur Schau stellten, wenn Gäste da waren, die ich nur hören, aber nicht sehen konnte. Ich weiß nicht, ob diese Behandlung zu den Gefängnisregeln gehörte oder ob meine Kerkermeister sich damit einen Ehrenpunkt verdienten. Ich weiß nicht einmal, welcher Umstand mehr zu diesem Verhalten beitrug, der, dass ich eine Gefangene, oder der, dass ich eine Frau war. In solchen Situationen jedenfalls erinnerten sie mich an die Taliban. Meine Wut wuchs, am liebsten hätte ich ein Paar hohe Schuhe gehabt, um sie zu provozieren, aber leider hatten sie mich lediglich mit Plastikpantöffelchen ausgestattet. In Afghanistan waren in der Tat zu Zeiten des Mullahs Omar auch Pfennigabsätze verboten gewesen: Ihr Geräusch wäre angeblich eine unwiderstehliche Verlockung für die Männer! Vielleicht war es deshalb in jenen Tagen einer meiner größten Wunschträume – vorausgesetzt, ich käme lebend da raus –, ein Paar rote Schuhe mit hohen Absätzen zu tragen – für mich ansonsten eher eine Verrücktheit für Silvester –, die ich unter normalen Umständen vielleicht nie wieder hätte tragen wollen, wären sie für mich während der Gefangenschaft nicht zu einer Art Fata Morgana geworden.

Dennoch waren meine Wärter in Gesinnung und Verhalten meilenweit von der Talibanmiliz entfernt, die gegen das Laster und für die Tugend kämpften und die kennen zu lernen ich 1998 während einer Reise nach Kabul Gelegenheit hatte. Das Verhalten meiner Wärter war widersprüchlich. Sie erschraken, als ich meine Menstruation bekam, und verboten mir zu duschen, solange sie nicht sicher waren, dass das »rote Blut zu Ende war«. Danach bestanden sie darauf, dass ich all meine Kleidung wusch, um mich vollständig zu reinigen. Sie hatten mir einen Pyjama gegeben und ein

Kleid, wie irakische Frauen es tragen, dazu Unterwäsche (ziemlich sexy) und ein paar Plastikpantoffeln. Als ich also die Kleider waschen sollte, die ich trug, zog ich meine »zivilen« Sachen wieder an, und das nicht ohne ein gewisses Vergnügen, denn meine eigenen Kleider zu tragen gab mir das Gefühl, wieder in meine eigene Haut zu schlüpfen. Die »Kerbala« schienen einen ausgeprägten Sauberkeitsfimmel zu haben: Ständig wuschen sie Unterhosen und -hemden, die sie hübsch im Gemeinschaftsbad zur Schau stellten. Und nicht nur das, es kam auch vor, dass einer von ihnen, wenn ich meine Kleider wusch, darauf achtete, dass ich auch ordentlich den Kragen meines Pyjamas schrubbte. »So wirst du ein guter Mensch«, sagte Hsien zu mir. Und als ich betonte, dass ich auch in Rom meine Sachen wüsche, und das nicht immer mit der Waschmaschine, zeigte er sich überrascht. Einmal musste ich auch den Boden im Bad putzen, ich weiß nicht, ob das eine weitere Demütigung sein sollte, aber offen gestanden war mir das ziemlich egal: Für mich war es eine Gelegenheit, die Zeit totzuschlagen und nicht im Dunkeln in meinem Zimmer eingeschlossen zu sein. Und nebenbei habe ich ihnen gezeigt, wie man den Boden wirklich sauber macht, im Gegensatz zu ihnen, die auch noch ständig alles desinfizierten. In ihrem Verhalten und ihrer Art, mich zum Spaß mit Wasser zu bespritzen, war, wie ich fand, nicht die streng islamistische Haltung derer zu erkennen, die Frauen nicht einmal die Hand geben, weil sie unrein sind. Abbas sagte manchmal zu mir, dass ich schmutzig sei, weil ich keine Muslimin bin. Seinem Tonfall konnte ich nicht entnehmen, ob er das wirklich glaubte oder ob er nur Spaß machte. Doch mit Sicherheit hatte die Herzlichkeit, mit der sie mir die Hand drückten, als sie mir meine Freilassung verkündeten: »Gratulation, morgen kehrst du nach Rom zurück«, nichts mit den Verhaltensregeln überzeugter Wahhabiten zu tun. Das hat mich in gewisser Weise gerettet, denn wären meine Entführer islamistische Fundamentalisten gewesen, hätten sie bestimmt nicht über mein Engagement für die Frauen hinweggesehen, das aus meinem Buch *La schiavitù del velo* und meiner Militanz gegen den islamischen Integralismus – an der Seite der muslimischen Frauen (Algerierinnen, Afghaninnen etc.) im Kampf für ihre Rechte – hervorgeht. Und in der Tat – auch das sollte ich erst anschließend erfahren – waren einige meiner Artikel zu dem Thema ins Arabische übersetzt und auf einer Website von Fundamentalisten verbreitet worden. Möglicherweise aus Übereifer hatte mir jemand auch das Buch einer jungen russischen Journalistin über die tschetschenischen Kamikazefrauen mit dem Titel *Allahs Bräute* zugeschrieben, zu dem ich lediglich eine Rezension geschrieben hatte. Eine der größten Sorgen jener, die sich um meine Befreiung bemühten – angefangen bei den Kameraden vom »Manifesto« und den Frauen, die mein Engagement gegen den Fundamentalismus mit mir teilen –, galt also der Bemühung, dies alles nicht allzu bekannt werden zu lassen, auch wenn sich das im Zeitalter des Internet recht schwierig gestaltete. Jedenfalls waren in dieser Hinsicht auch die arabischen Freunde und Journalisten sehr vorsichtig, vor allem die algerischen Frauenvereine, die sehr wohl um das Risiko wussten, das ich damit einging.

Glücklicherweise konnte ich wenigstens diese Gefahr abwenden, meine Entführer waren keine Salafiten, trotz der Zurschaustellung ihrer Religiosität, die vielleicht mehr auf die Tatsache zurückzuführen ist, dass der Islam sich im Irak zu einem einenden Element im Kampf gegen die Besatzung und den Westen entwickelt.

Reislamisierung

Nachdem der Nationalismus an Attraktivität eingebüßt hat, greift man auf die Religion als identitätsbildendes Element zurück: Andere arabische Länder wie Algerien haben es dem Irak vorgemacht. Der Prozess der Islamisierung eines säkularen Landes, wie es der von der leicht sozialistisch geprägten Baath-Partei regierte Irak gewesen ist, hatte im Übrigen bereits nach dem ersten Golfkrieg begonnen. Auch wenn die »Bekehrung« Saddam Husseins wahrscheinlich mehr der Notwendigkeit entsprach, sich die Unterstützung der arabischen Massen zu garantieren, als einem plötzlich erwachten Glauben. Und in der Tat fing es nach 1991 auf einmal an, dass man auf den Straßen die Rufe der Muezzins hörte, sich offiziell an den Ramadan hielt, Alkohol nur noch in dafür vorgesehenen Geschäften kaufen und nicht mehr in der Öffentlichkeit konsumieren durfte, nicht einmal mehr in den von Ausländern besuchten Hotels. Eine sichtbare, zuweilen sogar vulgäre Islamisierung wie jene, die mit der Um-al-Marik-Moschee zur Schau gestellt wird, die man in al-Qura umgetauft hat und, wie der Name sagt, die »Mutter aller Schlachten« darstellt, mit Minaretten in Form von Scudraketen und Kalaschnikows prunkt und mit ihrem Fundament in einem See in der Form Arabiens steht. Daneben eine Art Tabernakel, in dem eine Kopie des Korans aufbewahrt werden soll, die angeblich mit dem Blut des Rais geschrieben worden ist, die ich jedoch nie zu sehen bekommen habe – ebenso wenig wie viele andere, die es versucht haben –, denn jedes Mal war entweder der Wächter nicht zugegen oder es wurde irgendetwas restauriert. Nach Beginn des Krieges wurde überall in Bagdad an monumentalen Moscheen gebaut. Eine von ihnen, die auf dem Gelände eines ehemaligen Flughafens geplant war, sollte die größte der Welt werden, um dem Größenwahn Saddam Husseins ein Denkmal zu setzen, der sie, wie beinah alle Monumentalbauten im Irak, auf seinen Namen taufen wollte. Und niemand hat es gewagt, die riesigen Kräne wegzunehmen, die für die Arbeiten benötigt wurden und die eine Schmach für Millionen von Irakern darstellten, welche unter den verheerenden Folgen des Embargos litten.

Ein Prunken mit religiösen Symbolen, parallel zu dem Kreuzzug von Bush, der einen Krieg führt, um »Demokratie zu exportieren«, welcher sich aber in Wirklichkeit in der Auferlegung eines theokratischen Regimes auswirkt. Das Machtvakuum, das durch den gewaltsamen Sturz des Rais entstanden war, wurde in der Tat nur von den Kräften ausgefüllt, die selbst in den dunkelsten Jahren von Saddams blutiger Herrschaft dank des Netzwerks der Moscheen eine eigene Organisation aufrechterhalten haben. Die folglich nicht nur Ort des Gebets und der Rekrutierung sind, sondern auch die Finanzierung gewährleisten: Die sunnitischen Moscheen waren von Saddam unterstützt worden, während jene der heiligen Städte der Schiiten immer noch beträchtliche Einnahmen durch die Pilger verzeichnen, die nicht nur aus dem Irak kommen. Man muss hinzufügen, dass zur Festigung der schiitischen Macht auch die anerkannte Hierarchie im Klerus beiträgt. Die bedeutendsten Vertreter der Geistlichkeit sind in der Hawza versammelt, einer Art schiitischem Vatikan. Aktuelles Oberhaupt ist der einflussreiche Großajatollah Ali al-Sistani, der seine Macht auch im Bereich der Politik ausübt. Ein Engagement, das letztlich sogar seinen Einfluss auf dem Gebiet der Religion untergraben kann. Wenig Anklang – so dass er letzten Endes gezwungen war, sie zu widerrufen – fand die Fatwa, die der

Ajatollah zu Beginn der Invasion ausgesprochen hatte und in der er die Iraker aufforderte, nicht gegen die Amerikaner zu kämpfen.

Abgesehen von diesem Zwischenfall hat die Hawza gleich nach dem Sturz Saddams überall ihre eigenen Mullahs losgelassen, um sich die Kontrolle über das Territorium zu sichern, bevor die Vertreter der größten schiitischen Parteien, des Hohen Rats für die islamische Revolution (SCIRI) und der Dawa, aus dem Exil in den Irak zurückkehrten.

Die Amerikaner hatten (am 9. April 2003) Bagdad noch nicht besetzt – die aus Nadschaf anrollenden Panzer standen am Tigris, wo sie auf die Kolonne aus al-Kut warteten –, da waren sowohl die Militärs als auch die Funktionäre des ehemaligen Regimes bereits verschwunden und die Stadt in der Hand von Plünderern. Die Banden plünderten auch noch ungestört weiter, als die Panzer die Hauptstadt in Besitz nahmen. Dabei handelte es sich nicht um die bloße Plünderung der Lebensmittelvorräte einer hungernden Bevölkerung, sondern um einen Racheakt, der eine weitere Demütigung des irakischen Volkes darstellte, das entschlossen war, seine Würde zu verteidigen.

Die Ersten, die auf die Straße gingen, um gleich nach der Ankunft der Amerikaner die Ordnung wiederherzustellen, waren ausgerechnet die Mullahs. Auf dem Weg zu Saddam City, später in Sadr City umbenannt, hielten an einer Ampel gegenüber einer Moschee bewaffnete Männer verdächtige Autos an, indem sie in die Luft schossen. Sie durchsuchten die Fahrzeuge, beschlagnahmten die Beute einschließlich der Wagen, deponierten alles in einem Lager in der Moschee und verhafteten die Verantwortlichen für die dreistesten Diebstähle. Sie waren mir sofort wie eine Religionspolizei erschienen. Die Bestätigung bekam ich kurze

Zeit darauf, als ich ihren Anführer traf, einen Mullah, den die Hawza geschickt hatte. Die Plünderung, die Ministerien, Kaufhäuser, Polizeireviere und verschiedene Behörden verwüstet hatte, hatte nicht einmal vor Krankenhäusern Halt gemacht: Aus ihnen waren Apparaturen und sogar alte Brutkästen und Betten fortgeschleppt worden.

Als ich ins al-Kindi kam, eines der größten Krankenhäuser der Stadt, bot sich mir ein trostloser Anblick. Nun, da es nichts mehr zu plündern gab, war an der Straßenecke sogar ein amerikanischer Panzer aufgetaucht. Vergeblich hatte das Pflegepersonal die Marines um Hilfe gebeten. Die Kranken mussten nach Hause geschickt werden, zumindest die, die es schaffen würden, die anderen brauchten ohnehin keine Behandlung mehr. Hier waren auch die zivilen Opfer des Krieges untergebracht. Schließlich hatten die Ärzte sich an die geistlichen Autoritäten gewandt. Nun war das Krankenhaus in den Händen zweier Mullahs, eines Sunniten und eines Schiiten, die versuchten, Diebesbeute und Personal zurückzuholen. Um die Sicherheit zu gewährleisten, hatten sie ihre Milizen, die spätere Religionsmiliz, aufgestellt. Sie bauten das Krankenhaus wieder auf und führten es mit islamischer Strenge. Eines Tages riskierte eine meiner Bekannten beinah die Behandlung ihres Vaters, indem sie keinen Schleier trug, als sie ihn ins Krankenhaus begleitete. Nur ihre Hartnäckigkeit konnte den diensthabenden Mullah doch noch überzeugen, ihn aufzunehmen. Aber immerhin waren es in der ersten Zeit die Moscheen, die den zerstörten Krankenhäusern halfen, auch dank der Medikamente, die sie den Plünderern wieder abgenommen hatten.

So begann von unten der Aufbau der religiösen Macht und Ordnung. Die Religionspolizei schnappte Plünderer und Kriminelle, machte ihnen den Prozess und bestrafte sie gemäß den Vorschriften der Scharia. Der nächste Schritt sollte die Jagd auf die Vertreter des alten Regimes sein.

Zugleich hat die Hawza den Einzug der Militärstreitkräfte in die heiligen Städte verhindert, die damit weiterhin unter der Kontrolle der geistlichen Autoritäten blieben – außer als die US-amerikanischen Truppen auf der Jagd nach den Anhängern von Muqtada al-Sadr in das Herz von Nadschaf vordrangen.

Gegen al-Sadr war ein Haftbefehl ergangen wegen Mordes an Abd al-Khoi, dem Sohn des berühmten Ajatollahs Abdul Qasem, den man am 10. April 2003, kurz nachdem er nach dem Einzug der amerikanischen Truppen aus dem Exil zurückgekehrt war, in der Moschee erstochen hatte. Damals hatten die amerikanischen Kanonen nicht einmal die allerheiligsten Stätten respektiert, weder das Mausoleum des Imam Ali noch den großen Stadtfriedhof, wo sich viele Schiiten begraben lassen, um ihrem Stammvater näher zu sein. Die blutigen Auseinandersetzungen konnten durch die Vermittlung al-Sistanis beendet werden, der so die Kontrolle über die Stadt zurückgewann. Bis es ihm nach den Wahlen von 2005 auch gelang, die Regierung zu kontrollieren, nachdem er (ebenfalls mit einer Fatwa) die siegreiche schiitische Liste unterstützt hatte. Das Resultat war gleich sichtbar. Der Einzige, der dem höchsten geistlichen Führer der Schiiten die Stirn bot, ist Muqtada al-Sadr, der seine Popularität dem Ruhm seines 1999 in Nadschaf ermordeten Vaters verdankt, Mohammed Sadeq. Der junge und gewalttätige Muqtada errichtete eigene Festungen, in Kufa, in der Nähe von Nadschaf, und in Sadr City, dem riesigen schiitischen Agglomerat von Bagdad, vormals Saddam City, die nun nach dem verehrten Ajatollah benannt wurde – auch wenn die Rivalen Muqtadas den ursprünglichen Namen al-Thawra (die Revolution) vorziehen. Aber selbst Muqtada, der auf Plätzen leidenschaftliche Reden schwingt, musste sich in einigen Fällen dem Willen al-Sistanis beugen, wie bei den Wahlen vom 30. Januar 2005, bei denen er nicht wählen ging, seinen Getreuen aber Anweisungen gab und seine Vertreter in verschiedenen Listen platzierte. Und so suchten viele seiner Anhänger die Wahllokale auf, einschließlich der Vertreter der Dschaisch al-Madhi, der Miliz, die sich mit den amerikanischen Besatzungstruppen oft blutige Kämpfe lieferte.

Die Kehrseite dieses religiösen Einflusses ist die Auferlegung der Scharia im schiitischen Süden, in einer dem iranischen Modell sehr nahe kommenden Version. Der iranische Einfluss ist sehr stark, nicht nur weil al-Sistani Iraner ist, sondern weil die religiösen schiitischen Parteien – der Hohe Rat für die islamische Revolution und die Dawa –, die unter Saddams Herrschaft im Exil im Iran waren, iranfreundlich sind. Auch Muqtada al-Sadr, der immer im Irak geblieben ist, hat seine religiösen Bezugspunkte im Iran, in Qom. Und der Parteisitz in Kerbala wird, wie der der anderen religiösen schiitischen Parteien, von iranischen »Beratern« frequentiert. Die Pasdaran sind nunmehr im Irak zu Hause. Auch wenn al-Sistani, der für die »quietistische« Linie steht, kein Befürworter der ausgerechnet in Nadschaf erarbeiteten Theorie Ajatollah Khomeinis, *al velajat e faqih* (Herrschaft der Religionsgelehrten) ist und in der Tat nicht will, dass die Macht direkt von den Mullahs ausgeübt wird. Der »Quietismus« al-Sistanis bedeutet nicht Ablehnung der Politik, sondern Wahrung des Religiösen: Die Religion kann die Politik vergiften, nicht jedoch umgekehrt. Trotz seines großen Einflusses bei der Verabschiedung der Verfassung im August 2005 ist es al-Sistani nicht gelungen, den islamischen Staat und somit auch die Scharia als alleiniges Gesetz durchzusetzen, auch wenn nunmehr der Islam die neue Identität des Irak darstellt und Staatsreligion wird. Die Türen jedenfalls stehen nun offen, es braucht nur noch Geduld. Und der alte geistliche Führer (er wurde 1930 in Maschad geboren und studierte in Qom, ehe er nach Nadschaf zog) hat bereits bewiesen, dass er die hat.

Auch im sunnitischen Lager ist der religiöse Einfluss stärker geworden, obwohl die flacher strukturierte Organisation keine Hierarchie des Klerus anerkennt und es somit keine repräsentative Persönlichkeit wie Ali al-Sıstani gibt. Dennoch ist der Islam in vielen Fällen so etwas wie der Kleber zwischen den heterogenen Kräften geworden, die sich Bushs Feldzug widersetzen. Und der Rat der Ulemas, in dem die repräsentativsten geistlichen Sunniten versammelt sind, wird zur Institution, die politische Anweisungen weitergibt – vor allem über die Predigten des Freitagsgebets –, als Mittler in Konflikten dient und die »Entgleisungen« des Widerstands verdammt.

Sind die konservativen Schiiten vom iranischen Modell inspiriert, so bedienen sich die sunnitischen Fundamentalisten bei der wahhabitisch-saudischen Schule, die schon seit mehreren Jahren Abgesandte in den Irak schickt, um in einigen Gebieten sunnitischen Glaubens, wie Mosul oder Falludscha, Anhänger zu werben. Eine Art »Reislamisierung«, die in den konservativsten Gebieten, die noch unter der Kontrolle der Stämme standen, rekrutierte. Die Macht der Stämme und religiöser Konservativismus werden sicher auch einen Teil der Widerstandsbewegung in Gebieten wie Falludscha nähren, ohne allerdings die Extremform des Dschihad (heiliger Krieg) zu erreichen, der von den al-Qaida-Terroristen propagiert wird und deren Anführer im Irak der Jordanier

Mussab al-Sarkawi sein soll. Der Widerstand findet in den Moscheen einen Ort der Versammlung und der Propaganda. Doch statt zu einen, spaltet die wahhabitische Extremisierung den Widerstand und verschreckt in einigen Fällen die Bevölkerung mit ihren Geboten und der Auspeitschung von jungen Männern, die Bier trinken oder Musik hören. Auch wenn das schlimmste Schicksal immer noch die Frauen trifft, im sunnitischen wie im schiitischen Lager.

Die religiöse Ordnung und das Schreckgespenst einer islamischen Republik entmutigen säkulare und christliche Iraker und viele von ihnen haben das Land bereits verlassen. Die Frauen, die den islamischen Schleier nicht tragen, werden bedroht und verlassen oft nicht mehr das Haus, aus Angst, mit Säure übergossen zu werden. Die christlichen Kinder werden in der Schule eingeschüchtert. Auch die Kirchen werden nach den Attentaten weniger besucht.

40 000 Christen – von insgesamt 750 000 (drei Prozent der Bevölkerung), der größte Teil davon Chaldäer, orientalische Katholiken ohne Anbindung an Rom, die jedoch den Papst respektieren – haben gemäß den Informationen des damaligen Migrationsministers, Pascale Warda, den Irak innerhalb von zwei Wochen nach den Attentaten auf die Kirchen im August 2004 verlassen. Der größte Teil der fliehenden Christen hat sich nach Syrien und Jordanien geflüchtet und wartet auf bessere Zeiten, aber wer konnte, ist zu Verwandten in Australien und Schweden gegangen, wo sich seit einiger Zeit irakische Gemeinschaften niedergelassen haben. Christenverfolgungen sind nicht neu in Mesopotamien, doch die Gewaltherrschaft Saddams hatte sich gegenüber Christen tolerant gezeigt, ihnen war das Recht auf Ausübung ihrer Religion zugestanden worden, sie durften lediglich keine neuen Anhänger werben.

Heute ist der Vorwurf christlicher Proselytenmacherei oft mit dem verbunden, amerikanischer Spion zu sein. Eine Anklage, die oft nicht unbegründet ist: Zahlreiche amerikanische Sekten sind mit viel Geld und als NGO getarnt in den Irak gekommen und bieten Irakern im Gegenzug für ihre Konvertierung Hilfe und als besonderen Anreiz ein Visum für die Vereinigten Staaten an.

Ein weiterer der vielen irakischen Widersprüche: Eines der säkularsten unter den arabischen Ländern ist in die Hände religiöser Parteien und Milizen gefallen.

7. Frauen

Ich habe mich immer unwohl gefühlt, wenn ich gezwungen war, mich allein unter Männern aufzuhalten. Dennoch ließ es sich auf meinen Reisen in arabische und muslimische Länder oft nicht vermeiden: Bars, in denen nur Männer sind; Straßen voller junger Männer, die an der Mauer lehnen (die *hittistes*) wie in den dunklen Jahren Algeriens; oder Männer auf den Straßen von Kabul, an ihrer Seite, oder vielmehr hinter ihnen, Frauen die in ihrer Burka wie Gespenster wirken; Busse mit getrennten Eingängen für Männer und Frauen wie im Iran. Verstümmelte Gesellschaften. Der Irak gehörte früher nicht dazu, aber er läuft Gefahr, sich bald einzureihen, oder besser gesagt, er reiht sich bereits ein.

Als ich mich in meiner Gefängniszelle wiederfand, bewacht von zwei männlichen Wärtern, kehrten meine Gedanken nach Kabul zurück, im Mai 1998, zu den Zeiten der Taliban. Damals war ich der einzige Gast und zudem die einzige Frau im Hotel Intercontinental gewesen, von dessen Pracht nur noch wenig übrig geblieben war, während die Schlachten – die noch andauerten – zwischen den »Theologiestudenten«, die die Hauptstadt kontrollierten, und den tadschikischen Mudschaheddin, die vom Norden her angriffen, tiefe Risse in die Wände geschlagen hatten. In der

Nacht war ich panisch vor Angst: Ich hörte Stimmen von Männern, die sich in den Korridoren Verfolgungsjagden lieferten, das Schlagen von Türen, das Klingeln irgendwelcher Glöckchen, genau wie in einem Horrorfilm. Nachdem ich die spärlichen Einrichtungsgegenstände vor der Zimmertür aufgehäuft hatte, konnte ich nichts anderes tun, als aus dem Fenster des Hotels, das sich auf einem Hügel befindet, der die Stadt teilt, auf die wenigen matten Lichter in der Ferne zu schauen. Dann wartete ich auf das Morgengrauen, in der Hoffnung, dass nichts passieren würde, denn niemand hätte mir zu Hilfe eilen können. Die Telefone waren außer Betrieb und mit dem Sendeempfänger, den mir die Angestellten des Welternährungsprogramms gegeben hatten, konnte ich nicht viel anfangen, ich hatte keine Ahnung, wie er funktionierte. Angst, Einsamkeit, aber was mir am meisten fehlte – das war mir nun bewusst geworden –, war die Komplizenschaft einer Frau. Die ich nicht würde finden können, denn die Taliban verboten den Frauen zu arbeiten und das Hotel durften nur Ausländer betreten. Und die einheimischen Männer natürlich, ja, die Taliban hielten dort oft ihre Versammlungen ab und aßen im Restaurant, während ich hinter einem Paravent versteckt wurde.

Der Irak ist nicht das Afghanistan der Taliban, trotzdem befand ich mich in einem Gefängnis. Allerdings gab es einen Unterschied zwischen meiner Angst in Kabul und der in Bagdad, denn obgleich ich jetzt eine Gefangene und folglich meinen Entführern vollkommen ausgeliefert war, fürchtete ich nie, vergewaltigt zu werden. Um die Wahrheit zu sagen, musste ich keinerlei körperliche Gewalt über mich ergehen lassen: Ich war nicht einmal gefesselt, noch hatte man mir die Augen verbunden, außer im Moment meiner Freilassung. Dennoch dachte ich, dass die Gegenwart einer Frau mich beruhigen würde. Aber genau das wollten meine Entführer nicht: mich beruhigen. Allerdings blieb meinen Entführern nichts anderes übrig, als mir ein paar Tage nach der Entführung die Komplizenschaft einer Frau zuzugestehen, nachdem ich laut an die Tür geklopft und gebrüllt hatte: »Ich fühle mich schlecht. Ruft eine Frau, ich habe ein Frauenproblem.« Und so kam kurze Zeit später eine Frau, um nach mir zu sehen und mir anschließend das Benötigte zu schicken, zusammen mit Kleidern und ein paar Medikamenten, einem Shampoo, einem Kamm, einer Zahnbürste – wohingegen ich Wochen auf die Zahnpasta warten musste – und sogar einer Feuchtigkeitscreme, weil sich meine Haut im Dunkeln schuppte. Es ist tatsächlich eine Frau gekommen, ich habe sie gehört, habe mit ihr gesprochen, doch sehen konnte ich sie nicht, denn sie war von einem Schleier verhüllt. »Nenn mich, wie du willst«, sagte sie zu mir. »Karima?« Vielleicht. Nicht einmal die Gewissheit eines erfundenen Namens. Ich konnte einem Geist, von dem man nicht einmal die Hände sah, weil sie in langen Handschuhen steckten, keinen Namen geben. Sie spürte mein Unbehagen, das mir die Tatsache bereitete, allein unter Männern leben zu müssen, sie spielte sogar darauf an, aber sie war nicht einfühlsam. Vielleicht lag es an ihrer weiblichen Sachlichkeit oder an ihrer Situation, die ich nicht kannte, doch ich spürte unter diesem schwarzen Tuch eine sehr willensstarke, gebildete – sie sprach fließend Arabisch, Englisch und Französisch – und sehr scharfsinnige Frau. War es möglich, dass dies tatsächlich ihr Kleid war? Ich konnte es nicht glauben, auch wenn sie es mit einer gewissen Ungezwungenheit und Eleganz trug, fast als wäre sie daran gewöhnt. Aber sie war nicht unterwürfig, wie das Kleid hätte glauben machen können, dessen war ich mir ziemlich sicher.

Trotz ihrer Härte bemühte ich mich weitere Male um ihre Komplizenschaft, doch wurde sie mir nur selten gewährt. Wohl auch, weil meine Wärter erschraken, wenn ich nach ihr fragte, als fürchteten sie diese Frau. Oder fürchteten sie etwas anderes, was ich nicht verstand? Als hielten sie Frauen im Allgemeinen für gefährlich, wer weiß, vielleicht fürchteten sie auch mich. Manchmal bildete ich mir dies ein, vor allem als der Moment meiner Freilassung näher rückte und sie so glücklich schienen. Und auch, als Abbas mich aufforderte zu weinen: »Warum weinst du nicht?« In der Tat wunderte ich mich selbst darüber, normalerweise weine ich wegen jeder Kleinigkeit, aber als Entführte kamen mir die Tränen erst, als meine Entführer mir bei der Aufzeichnung meines ersten Videos sagten, ich solle mich an meinen Mann wenden: Es waren vor allem Tränen der Wut, aber auch der Rührung. Ich lud Pier die ganze Last meiner Befreiung auf die Schultern, als hinge alles ganz allein von ihm ab. Und wenn sie mich nicht freilassen würden? Es war das erste Mal – und damals fürchtete ich, es könnte auch das letzte Mal sein –, dass ich mich nach diesem verfluchten 4. Februar an ihn wandte. Vorher hatten wir jeden Tag miteinander gesprochen, ich hatte ihm die Resultate meiner Arbeit mitgeteilt, jeden einzelnen Erfolg, mit ihm über tägliche Probleme und Ängste geredet. Jetzt fühlte ich mich schrecklich allein. Tränen verschleierten auch meinen Blick, als ich von meiner Familie sprach. Ich empfand enorme Schuldgefühle gegenüber meinen Eltern. Sie sind alt, wie sollten sie das alles durchstehen? Und da ich meinen Wärtern sonst nicht die Befriedigung gab zu weinen, sagte Abbas zu mir: »Denk an deine Familie.« War das reiner Sadismus? Warum wollte er unbedingt, dass ich Schwäche zeigte? Jedenfalls gelang es mir nicht, zu weinen, und angesichts meiner Standhaftigkeit sagte er: »Weinen würde dir helfen, dich abzureagieren, dann könntest du auch schlafen.« Vielleicht hatte er sogar Recht, aber ich weinte nicht und würde auch nicht weinen. Bis zu meiner Rückkehr. Da habe ich angefangen zu weinen, ausgiebig, vielleicht hatten sich die Tränen damals angestaut.

Die Frau hingegen war von einer Direktheit, die an Grausamkeit grenzte. Als einer der Entführer zu mir sagte: »Ich gebe dir mein Wort, wir töten dich nicht«, fügte sie hinzu: »Sie haben noch nicht entschieden, aber wenn er dir sein Wort gegeben hat ...« Anschließend jedoch fragte sie mich nach meiner Lieblingsfarbe, weil sie mir Kleider kaufen wollte, die ich während meiner Gefangenschaft tragen sollte, als würde die Farbe den Alptraum vertreiben. Meine Lieblingsfarbe ist Grün, aber in diesem Zusammenhang hätte ich das niemals gesagt, außerdem zog ich in diesem Moment Schwarz vor, das erschien mir angemessener. Ich konnte mich mit dieser unsichtbaren Frau, die nur in besonderen Momenten, in Notfällen, anwesend war, nicht so austauschen, wie ich es gern getan hätte. Es war schlicht nicht möglich. Eine so starke Frau unter Kleidern völliger Unterwerfung machte mich neugierig. Und als ich bei meiner Freilassung um ebensolche Kleider bat, um mich für den Fall zu tarnen, dass die Amerikaner uns auf der Straße anhielten, wurden sie mir verweigert. Ich musste die sein, die ich bin, nur sie durften sich verkleiden, tarnen, um nicht erkannt zu werden.

Wie auch immer, in gewisser Weise war diese Frau eine Herausforderung für mich, ich spürte ihre Würde, die die umfangreichen Kleider nicht verbergen konnten, und das trieb mich an, auch meine eigene Würde zu verteidigen, was mir auch gelang. Trotz der Schleier, die die Formen ihres Körpers verschwimmen ließen, regte sie mich an, meinen Körper zu pflegen. »Beweg dich, sonst wirst du nicht einmal mehr laufen können, wenn du fortgehen musst.« So hatte ich begonnen, Gymnastik zu machen. »Wie dünn du geworden bist, du bist zu dünn«, sagte sie. Ich, die ich keinen Spiegel hatte, spürte mein reduziertes Gewicht nur, wenn ich mir die Jeans anzog, um meinen Pyjama zu waschen, oder wenn ich heimlich meine eigenen Kleider trug, um ein Stück von mir selbst zurückzugewinnen.

Wenn ich versuchte, diese Frau zu entschlüsseln, dachte ich an all die Frauen, die ich auf meinen vergangenen Reisen getroffen hatte: an die Algerierinnen, die ihr Leben riskierten, um sich nicht dem Diktat der Islamisten zu unterwerfen, an die Afghaninnen, die in den Jahren der Taliban, aber auch in denen der Mudschaheddin, die Überzeugung verinnerlichten, die Burka garantiere ihren Schutz, so dass es ihnen nicht gelang, sich von ihr zu befreien. Ich dachte vor allem an die vielen irakischen Frauen, die ich auf meinen zahlreichen Reisen in den Irak getroffen hatte: an Fawsia, die ihr ganzes Leben lang als Kommunistin verfolgt worden ist, die den Irak jedoch nie verlassen hat, wo sie, wie ihr Mann, viel Zeit im Gefängnis verbracht hat. An Khalifa Zakja, Theaterschauspielerin, die Saddam vielleicht nur wegen ihrer Popularität verschont hat, auch wenn er sie hatte einsperren lassen, und die sich nun der humanitären Arbeit zugunsten von Frauen und Kindern widmet. An Um Nidal, Kämpferin der ersten Stunde in der historischen Liga der irakischen Frauen, der ersten Frauenorganisation, die auf die fünfziger Jahre zurückgeht, auf die Zeit der Monarchie. Um Nidal mit ihrem nunmehr weißen Haar treffe ich immer im

»neuen« Sitz der Liga – einem ehemaligen, zerstörten Rekrutierungszentrum des Militärs –, die nach der Rückkehr der Kämpferinnen aus dem Ausland oder aus Kurdistan, wohin auch Um Nidal zu Zeiten Saddams geflüchtet war, wieder aufgebaut wurde. An Mithal mit ihren großen grünen Augen, die im Gefängnis von Abu Ghraib, wo man sie 80 Tage eingesperrt hatte, gefoltert worden war und die ich zwei Tage vor meiner Entführung wiedersah. Sie ist die einzige Exgefangene des in Verruf geratenen Gefängnisses, die von ihren Erlebnissen erzählt hat: In einem amerikanischen Gefängnis gewesen zu sein und sexuelle Gewalt erlitten zu haben gilt als unauslöschliche Schuld, das Leben dieser Frauen und auch das ihrer Töchter ist für immer gezeichnet. Nach der Entlassung aus Abu Ghraib nahmen sich einige der Frauen das Leben, andere wurden umgebracht. Es ist schwierig, an genaue Informationen zu diesem Phänomen heranzukommen, niemand will darüber sprechen, es ist ein Tabu. Ich dachte auch an Janar Mohammed, eine weltliche Frau, Präsidentin der Organisation für die Freiheit der Frauen in Irak (OWFI), die von islamistischen Gruppen Morddrohungen bekommen hatte.

Ehrenmorde

Seit Beginn der Besatzung wurde ein Anstieg der häuslichen Gewalt und vor allem der bereits zu Saddams Zeiten verbreiteten Ehrenmorde registriert. »Getötet, um ihre Schande reinzuwaschen«, liest man auf vielen Autopsiebescheinigungen, die Faeq Ameen Bakr ausgefüllt hat, der Generaldirektor des Instituts für Gerichtsmedizin in Bagdad. Dabei handelt es sich um Fälle, in denen Frauen von ihren eigenen

Familien umgebracht werden – auf Anweisung geistlicher Führer oder Stammesoberhäupter –, um die Ehre wiederherzustellen. »Nach Saddams Sturz häuften sich diese Fälle«, bekräftigt Doktor Bakr, auch wenn es, wie er sagt, »schwierig ist, ihre genaue Anzahl zu bestimmen, weil diese Verbrechen oft vertuscht werden«. Die Motive sind unterschiedlich: Die Frau verweigert die Ehe mit dem Mann, den die Familie für sie ausgesucht hat; oder sie heiratet einen, der nicht die Zustimmung der Familie findet; sie ist schwanger oder aber sie wird vergewaltigt (nach Angaben der Organisation für die Freiheit der Frauen im Irak sind in den ersten vier Monaten der Besatzung 400 Frauen vergewaltigt worden). Außerdem bleibt der »Ehrenmord« nahezu ungestraft: Der Verantwortliche wird nur dann gesetzlich verfolgt, wenn er sich selbst anzeigt, und sogar in diesem Fall beträgt die Höchststrafe drei Jahre, geht aber in der Regel nicht über sechs Monate hinaus. Es handelt sich jedoch nicht nur um Ehrenmorde. Rabiah, eine Frau um die 40, hat Angst, das Haus zu verlassen. Als sie noch jünger war, arbeitete sie in einem Ministerium, da jedoch das Gehalt so niedrig war, dass sie damit nicht einmal die Babysitterin bezahlen konnte, die ihre beiden Kinder betreute, kündigte sie. Nachdem die Kinder groß waren, schrieb sie sich wieder an der Universität ein, um ein Dolmetscherdiplom zu machen: Sie wollte den Beruf wechseln. Doch dann brach der Krieg aus. Im Gegensatz zu ihrer gesamten Familie hat sie nie das Land verlassen, denn sie dachte, ihr Platz sei hier, aber inzwischen ist sie von dem Desaster, das die Besatzung angerichtet hat, ernsthaft beunruhigt. Sie weigert sich, den Schleier zu tragen, wie die Islamisten es fordern, vor allem aber ist sie entsetzt, dass die Justiz nun in den Händen der Geistlichen und der Stämme ist. Rabiah verlässt das Haus nur noch in Begleitung ihres Mannes oder eines ihrer Söhne, denn sollte sie einen Autounfall verursachen, so darf nach einer wieder in Kraft getretenen Stammessitte der Geschädigte die Frau zur Entschädigung nach Gutdünken benutzen. Wie lange wird dies so bleiben? »Es wird Jahrzehnte brauchen. Und wenn man bedenkt, dass wir vor dem Krieg dachten, hoffentlich beginnt er bald, damit das alles ein Ende hat …«, sagt Rabiah resigniert, als ich sie in einem Wohnviertel Bagdads treffe.

Auch an den Universitäten hat sich das Klima verschlechtert: Der Campus steht mittlerweile unter der Kontrolle islamistischer Organisationen, die in den verschiedenen Fakultäten Geschlechtertrennung fordern und die Kleidung – die Mädchen dürfen keine Hosen mehr tragen und der Schleier ist obligatorisch – und das Verhalten der Studenten mit Drohungen kontrollieren. Drohungen, die nicht verbal bleiben. Resultat? Es gibt weniger Frauen auf den Straßen von Bagdad. Sie sind nicht nur weniger zahlreich, sondern auch weniger sichtbar: In ihren langen Röcken und beinah vollständig verschleiert huschen sie davon, als wollten sie nicht bemerkt werden. Will man sie reden, sich beleben hören, muss man auf den Markt oder in ein Kaufhaus gehen, sich vor einem Schaufenster mit Kosmetikartikeln unter sie mischen, wo man eine durch und durch weibliche Komplizenschaft finden kann, oder sich an einen Obststand drängen, wo sie über die immer höheren Preise klagen. Die Ehemänner ersetzen sie nun immer häufiger auch in diesen alltäglichen Aufgaben. Das ist jedoch keine Erleichterung: Oft stellt Einkaufengehen den einzigen Vorwand dar, das Haus zu verlassen. Auch wenn einige der Frauen ausgerechnet auf dem Weg zum Markt verschwunden sind. Arbeit findet man nicht als Frau, auch die Frauen, die Arbeit hatten, haben sie verloren und der Rückzug der nichtstaatlichen Organisationen hat vor allem sie getroffen. Die Kriege und die Besatzung haben zu einem kulturellen Verfall geführt, den die islamistischen Bewegungen noch vorantreiben, indem sie allen ihre religiösen Vorschriften auferlegen: Frauen sollten besser zu Hause bleiben und die Arbeit den Männern überlassen, Arbeit gebe es ohnehin wenig, und wenn sie ausgehen, müssen sie sich verschleiern. »Die Frauen haben zwei Möglichkeiten: Die Gefahr einer Vergewaltigung in Kauf zu nehmen, um anschließend von der Familie getötet zu werden, oder sich zu Hause einzuschließen«, bekräftigt Frauenrechtler Amal al-Mualimchi.

Die Sicherheit, die alle im Irak herbeisehnen, bedeutet für die Frauen Schutz vor der Gewalt durch die Besatzungstruppen, vor Terrorismus, Missbrauch, Entführung und Vergewaltigung. Aber wie soll man die Frauen beschützen, die jeden Tag in den eigenen vier Wänden geschlagen, misshandelt und vergewaltigt werden? Die OWFI, die Organisation für die Freiheit der Frauen in Irak – 1993 in Sulaimanija (Kurdistan) gegründet –, hat ihre Arbeit nach dem Sturz Saddams auf das ganze Land ausgedehnt. Im Sommer 2004 hat sie in Bagdad das erste Frauenhaus gegründet, in dem Frauen Zuflucht finden, die Gewalt erlitten haben oder denen der »Ehrenmord« droht. Die Zuflucht wird geheimgehalten, sie besteht aus zwei Zimmern und einer Küche, wo »derzeit acht Frauen leben«, wie mir Hadil Jawad erzählte, die ich am Abend vor meiner Entführung im Sitz der Organisation traf, einem von bewaffneten Wächtern bewachten kleinen Gebäude mit Garten im Zentrum der Hauptstadt. Hadil ist es auch, die mit ihrem offenen und beruhigenden Lächeln die Hilfe suchenden jungen Frauen in

Empfang nimmt. Wenn man das sonnige Auftreten der jungen, nur knapp über 30- jährigen Frau betrachtet, würde man kaum vermuten, dass auch sie diese furchtbare Erfahrung durchgemacht hat: Sie war einer der ersten Gäste in einem Frauenhaus, als sie auf der Flucht vor ihrem Vater, der sie töten wollte, nach Sulaimanija kam. Sie war 1993 mit ihrem Mann aus Bagdad geflohen, was aber alles andere als ein romantisches Abenteuer gewesen war. »Ich komme aus einer traditionellen Familie, die nicht tolerieren kann, dass eine Frau einen Mann aus Liebe wählt. Ich war 17, als ich mich in meinen Nachbarn verliebt habe. Unsere Beziehung dauerte vier Jahre, aber meine Familie war nicht damit einverstanden, dass ich ihn heiratete, unter anderem weil ich Sunnitin bin und er Schiit. Als mein Vater merkte, dass ich entschlossen war, ihn zu heiraten, fing er an, mich zu schlagen und mich zu Hause einzusperren. Er hat sogar versucht, mich mit einem Cousin zu verheiraten. Uns blieb also nur die Flucht: Wir haben geheiratet und sind dann in Richtung Norden geflohen, erst nach Kirkuk, dann nach Sulaimanija, denn mein Vater drohte damit, mich zu töten. Und als er mich nicht fand, drohte er sogar, den Vater meines Mannes umzubringen.« Hadil kehrte in ihre Stadt zurück, als die OWFI einen Sitz in Bagdad eröffnete. »Würdest du es heute wieder tun?«, habe ich sie gefragt. »Natürlich würde ich das, ich bin glücklich, ich habe auch eine dreijährige Tochter, aber es tut mir leid wegen der Folgen, die das Ganze für meine Schwestern hatte: Nach meiner Flucht ist die älteste von ihrem Mann verlassen worden, eine andere wurde gezwungen, einen alten Mann zu heiraten, und die jüngste musste von der Schule gehen.« Hadil lächelt, aber jedes Mal, wenn sie auf die Straße geht, gerät sie in Panik bei dem Gedanken, dass irgendjemand sie wiedererkennen könnte.

»Aber man kann nicht das ganze Leben eingesperrt bleiben«, seufzt sie. Hinter ihrem Lächeln verbergen sich viele Geheimnisse, nicht nur ihre eigenen, sondern auch die der Frauen, die sich an sie wenden, dank der Anzeigen in der Zeitung, die von der Organisation herausgegeben wird, »Al Mousawat« (Gleichheit).

Vergewaltigungen unter der Besatzung

Andere Leben sind zerstört worden, wie das von Liqa, 26, die nun wegen Geistesgestörtheit stationär behandelt wird. Sie kann nicht einmal sprechen, aber sie ist damit einverstanden, dass Hadil mir ihre tragische Geschichte erzählt, sie will, dass sie bekannt wird. Denn Liqa ist auch unter großem Risiko in die »Green Zone« (die »Grüne Zone«) gegangen, wo sich das amerikanische Kommando befindet, weil sie Gerechtigkeit wollte, doch die wurde ihr verwehrt. Und das ist die Geschichte: Als die Amerikaner im April 2003 Bagdad eroberten, fand Liqa Arbeit in einer Cafeteria des US-amerikanischen Stützpunktes, der am Flughafen eingerichtet wurde. Außer ihr arbeiteten noch andere irakische Frauen dort, doch einer der Soldaten, Harlow (soweit sie sich erinnert), lief immer nur ihr hinterher, vor allem, wenn sie auf die Toilette ging. Sie versuchte ihm aus dem Weg zu gehen, aber vergeblich. Eines Tages bot der Soldat ihr ein Getränk an. »Ich dachte, es sei nichts dabei anzunehmen, außerdem wäre es nicht angebracht gewesen abzulehnen.« Aber das Getränk enthielt eine Droge. Nach dem Trinken fühlte sie sich schlecht und verlor die Besinnung. Als sie wieder zu sich kam, stellte sie fest, dass sie vergewaltigt worden war. Ihr Vergewaltiger war zweifellos Harlow, der sich auch nochvor seinen Kameraden damit rühmte. Verzweifelt und wütend zeigte Liqa die Vergewaltigung sofort beim Oberst an, der ihr versprach, Maßnahmen zu ergreifen. Sie dachte, dass er Harlow zwingen würde, sie zu heiraten, die einzig mögliche Entschädigung in einer Gesellschaft wie der irakischen, denn sie war nun keine Jungfrau mehr und würde keinen anderen Ehemann finden. Doch die Maßnahme, die dem Oberst vorschwebte, war eine andere: Nach ein paar Tagen war der Soldat verschwunden, vermutlich in seine Heimat zurückgeschickt worden, und mit ihm schwand auch die Hoffnung auf Entschädigung. Als ihr das klar wurde, schrie sie den Oberst an, der sie daraufhin aus dem Stützpunkt warf. Verzweifelt, ohne »Ehre«, ohne Arbeit und ohne die Möglichkeit, zurück nach Hause zu gehen – ihre Familie hätte sie getötet, wenn sie von der Vergewaltigung erfahren hätte –, wandte sie sich an Hadils Vereinigung. Hier suchte man ihr einen Anwalt, damit sie die Vergewaltigung bei der Übergangsverwaltung der Koalition (CPA) anzeigen konnte, die zu Beginn des Jahres 2004 noch existierte (sie wurde im Juni desselben Jahres aufgelöst). Liqa nahm all ihren Mut zusammen und ging in die amerikanische Festung, ins Convention Centre in der »Grünen Zone«, wo sie sich einer gynäkologischen Untersuchung unterziehen musste. Der Arzt urteilte, dass sie zwar keine Jungfrau mehr sei, es jedoch keine Anzeichen für eine Vergewaltigung gebe. Ihr Fall landete bei einer irakischen Frau, Schakla, die sich um genau solche Fälle kümmerte und in Fällen Entschädigungen zu erwirken suchte, an denen Angehörige der amerikanischen Truppen beteiligt waren. Doch eines schönen Tages verschwand auch Schakla und von da an versank die Frau in einer tiefen Depression. Liqa war nicht das einzige Vergewaltigungsopfer, ihre Freundin Intisar, die mit ihr in der

Kantine gearbeitet hatte, war von demselben Soldaten vergewaltigt worden, hatte aber nicht den Mut gehabt, ihn anzuzeigen, und ging weiterhin zu dem Stützpunkt. Sie traf sich ein paarmal mit Liqa, dann irgendwann hörte sie nichts mehr von ihr.

Erst nach meiner Befreiung sollte ich aus einem Artikel, der in der britischen Tageszeitung »The Guardian« (8. März 2005) veröffentlicht worden war, erfahren, dass im Jahr zuvor gegen Soldaten der dritten Infanteriebrigade – die Einheit, die auf den Wagen geschossen hat, in dem ich mit Calipari und dem anderen Agenten des SISMI fuhr – wegen Vergewaltigung zweier irakischer Frauen ermittelt worden war. Die Anklagen waren in einem 1200 Seiten starken Dossier enthalten, die die britische Zeitung von der American Civil Liberties Union bekam. Ermittelt wurde gegen vier Soldaten, die angeklagt waren, zwei irakische Frauen vergewaltigt zu haben, während sie als Wachen in der Kantine abgestellt waren! Es waren viele Soldaten verhört worden, jedoch nicht die Frauen. »Ich weiß, dass die Frauen Irakerinnen waren. Aber ich weiß nicht, ob sie vergewaltigt worden sind oder ob sie Prostituierte waren und nur Sex wollten«, hatte ein Soldat den Ermittlern geantwortet. Und so waren die Ermittlungen letztendlich wegen Mangels an Beweisen eingestellt worden. Auch in anderen Vergewaltigungsfällen sind die Soldaten nie verurteilt worden. Ein schlimmes Ende nahmen beispielsweise zwei junge Schwestern – 14 und 15 Jahre alt –, die aus einer extrem armen Familie stammten und regelmäßig mit den amerikanischen Soldaten verkehrten, die im ehemaligen Sitz der Baath-Partei in Sowera untergebracht waren, einem Landwirtschaftszentrum etwa 70 Kilometer südlich von Bagdad, am Tigris. Eines Nachts, Anfang Juli 2003, waren die beiden Mädchen vergewaltigt worden und hatten lebensgefährliche Verletzungen davongetragen. In furchtbarer Verfassung einfach vor dem nächstbesten Krankenhaus liegen gelassen, starb die eine, die andere verschwand. Gerüchten zufolge, die ich durch Bekannte im Dorf sammelte – wo die Nachricht, die das Krankenhauspersonal hatte durchsickern lassen, tabu war –, soll das Mädchen, das überlebt hatte, auf Anweisung der Stammes- und geistlichen Führer von ihrer Familie getötet worden sein.

Frauen als Opfer der Amerikaner, der konservativen Gesellschaft und der fanatischen Islamisten, die nach dem Sturz Saddams das Gesetz diktieren. Zuweilen sind die Opfer blutjung.

Auf der Rückseite des Sitzes der OWFI läuft Rana herum, die jüngste der Frauen, die von der Organisation beherbergt werden. Damit sie weiter zur Schule gehen kann, hat man sie bei einer Familie in Pflege gegeben. 16 Jahre und voller Leben, doch Rana hat viel Leid hinter sich, das sie durch ihre moderne Kleidung zu verbergen sucht: Jeans, T-Shirt und Mütze mit breitem Schirm, der kaum ihre Schminke verdeckt. Das Mädchen kommt aus dem Süden des Iraks, wo die Gesellschaft noch traditioneller und konservativer ist. Ihre Eltern, die schwach und den Söhnen hörig sind, haben sich nie um die Mädchen gekümmert, schlimmer noch, sie haben zugelassen, dass eine ihrer Töchter von den Brüdern verprügelt wurde und an den Folgen einer Hirnverletzung starb. Rana durfte nicht einmal zur Schule gehen. »Ich konnte einfach nicht mehr«, erzählt sie, »meine Brüder haben mich ständig geschlagen und so habe ich beschlossen, von zu Hause wegzulaufen. Ich wollte per Anhalter fahren, aber der Fahrer wollte mich entführen, deshalb habe ich unterwegs die Wagentür geöffnet und mich rausfallen lassen.

Wegen der Verletzungen bin ich in einen nahe gelegenen amerikanischen Stützpunkt gebracht worden. Dort blieb ich zwei Monate, dann haben die Amerikaner mir gesagt, dass ich nicht bleiben könne, weil es das irakische Gesetzt nicht erlaube. Eines Tages ist ein Geistlicher zu mir gekommen – offenbar hatte mein Bruder ihn geschickt – und hat mich gezwungen, nach Hause zu gehen. Gemäß eines Onkels hätten meine Brüder mich für das, was ich getan habe, töten müssen. Ich fühlte mich elend, redete nicht mehr und wollte mir das Leben nehmen. Um mich zu ›heilen‹, hat ein Geistlicher mir am ganzen Körper Verbrennungen zugefügt, auch am Kopf.« Sie zeigt mir die Narben. »Eines Tages ist es mir gelungen, noch einmal zu fliehen, und ich bin bis nach Bagdad gekommen. Ich hatte die Adresse der OWFI aufbewahrt, die ich in der Zeitschrift ›Al Mousawat‹ gefunden hatte.« Rana erzählt, dass ihre Brüder einer von Iranern gebildeten islamistischen Gruppe angehören, die im Süden Anhänger rekrutiert. Aber sie will sich nicht genauer dazu äußern, aus Angst. Ihr augenscheinlich keckes, jugendliches Auftreten vermag ihre Unsicherheit angesichts einer derart ungewissen Zukunft nicht zu verbergen.

Die Scharia ist bereits Gesetz

Die Islamisierung des Irak und des politischen Lebens, die bereits vor dem Wahlsieg der von Ajatollah Ali al-Sistani unterstützten schiitischen Allianz am 30. Januar 2005 eingesetzt hat und mit der Priorität, die dem Islam als unumgängliche Quelle der Verfassung selbst zugesprochen wurde, fortgesetzt wurde, lässt eine erhebliche Einschränkung der Rechte der Frauen befürchten. Saddam Hussein hatte das

Familiengesetz von 1959, das als eines der fortschrittlichsten in der arabisch-muslimischen Welt gilt, nie außer Kraft gesetzt, auch wenn er gegen Ende seiner Herrschaft Einschränkungen einführte, wie die Verpflichtung von Frauen unter 45, auf Reisen ins Ausland von einem »Vormund« begleitet zu werden. Am 29. Dezember 2003 hatte Ajatollah Abdelasis al-Hakin, der Führer der SCIRI, sich seinen Vorsitz im Regierungsrat zunutze gemacht und den »Erlass 137« verabschiedet, der das bis dahin geltende Familiengesetz aufhob und durch die Scharia, das Gesetz des Koran, ersetzte. Nur eine sofortige Mobilmachung der Frauen, Ministerinnen eingeschlossen, hatte das Manöver des Schiitenführers entlarvt und blockiert. Der Widerspruch in der irakischen Wirklichkeit besteht darin, dass die Amerikaner, obgleich sie die Präsenz der Frauen im Parlament (mit einer Quote von 25 Prozent) unterstützt haben, zu Kompromissen über das islamische Gesetz bereit sind und einem theokratischen Staat den Weg bereiten. Und in diesem Fall sind die ersten Opfer wieder einmal die Frauen. Sich der Gefahr bewusst, die sie eingehen, starteten verschiedene Frauenorganisationen angesichts des Referendums am 15. Oktober 2005 eine Kampagne gegen die Verfassung mit dem Slogan »Unsere Stimme für unsere Rechte«. Schon bei den Wahlen im Januar trafen wir vor den Wahlurnen schiitische wie auch christliche Frauen, die den verhassten Expremier Ijad Allawi wählten – der für einen CIA-Mitarbeiter gehalten wurde –, nur weil er ein starker und vor allem weltlicher Mann ist, ein Gegengewicht zu der gefürchteten islamistischen Welle, die aber dennoch landesweit siegte, mit Ausnahme von den Kurdengebieten.

Die Folgen zeigen sich bereits. Die Männer des radikalen Schiitenführers Muqtada al-Sadr haben die Scharia eingeführt. Am 28. März 2005 wurden während eines Picknicks im al-Andalus-Park von Basra, mit anderthalb Millionen Einwohnern die Hauptstadt Südiraks, etwa 400 Studenten der Fakultät Ingenieurwesen von etwa 30 mit Stöcken, Messern und Kalaschnikows bewaffneten Islamisten überfallen. Diese beschimpften die Studenten als »Ungläubige« und griffen sie tätlich an, vor allem aber richtete sich ihr Zorn auf die Mädchen, die »Prostituierten«. »Ich saß mit ein paar Freundinnen am Rand des Gartens, als ein maskierter, schwarz gekleideter Mann sich vor uns stellte und uns fragte, warum wir den Hidschab (den islamischen Schleier) nicht trügen. Im nächsten Moment spürte ich einen Schlag auf dem Kopf. Überall brach Panik aus, ich hörte die Jungen schreien, es wurde geschossen. Als ich nach dem Ausgang suchte, wurde ich ein zweites Mal geschlagen, mit einer Eisenstange. Für ein paar Minuten sah ich nur schwarz«, hat Celia Garabet, eine 21-jährige Christin, Delphine Minoui erzählt (»Le Figaro«, 11. April 2005). Seitdem geht sie nicht mehr raus. Scheich Assad al-Basri, Vertreter Muqtadas in Basra, rechtfertigt die Aktion: »Nur mit Gewalt werden wir dem Sittenverfall Einhalt gebieten und wir sind bereit, es, wenn nötig, wieder zu tun ... Bei dem Picknick trugen die Mädchen zu leichte Blusen und die Jungen haben getanzt. Das ist unmoralisch!« Sie haben es geschafft, den muslimischen Mädchen den Schleier aufzuzwingen, auf der Entbindungsstation des städtischen Krankenhauses ist es männlichen Ärzten verboten, Frauen zu behandeln. Sie haben ein Klima des Terrors geschaffen. Juliana Joussef Davud, Englischlehrerin, erinnert an die Pracht Basras vor Saddam Hussein, vor dem Krieg gegen den Iran, der gleich vor der Haustür stattfand, vor dem Ersten Golfkrieg, vor dem Embargo und allem, was darauf folgte. »Als ich so alt war wie meine

Schüler, bin ich ins Kino gegangen, am Wochenende gingen wir ins Kasino, fuhren an die Küste. Abends haben wir uns im Cabaret getroffen. Wir haben Bier getrunken, jede Woche wurde ein Picknick veranstaltet. Mittlerweile ist uns keine dieser kleinen Vergnügungen mehr gestattet«, erzählt die elegante Lehrerin Delphine Minoui mit Bedauern. Damals trug sie auch Minirock, genau wie die Frauen von Kabul es vorgemacht hatten, die, bevor die Islamisten kamen, in einer Stadt, die in der Region als eine der Hauptstädte des Vergnügens und der Kultur galt, die Nacht zum Tag machten.

Hoffen wir, dass der Irak nicht das gleiche Ende nehmen wird wie Afghanistan!

8. Libanisierung

»Sieht er nicht aus wie der Weihnachtsmann?« Abbas meint den Großajatollah Ali al-Sistani, den 75-jährigen Schiitenführer mit dem langen weißen Bart, der sich inzwischen nur noch selten in der Öffentlichkeit blicken lässt. Als sie mich über die Protagonisten der politischen und geistlichen Szene im Irak ausfragen, versuche ich, so vage wie möglich zu bleiben. Besser, sich nicht zu kompromittieren: Wer weiß, wie meine Entführer wirklich denken. Genauso war ich verfahren, als Abbas mir seine Pistole gezeigt und gesagt hatte: »Siehst du, da ist das Bild von Saddam drauf.« Ich konnte es ohne Brille noch nicht einmal sehen – ich hatte Angst, meine Brille herauszuholen, denn ich fürchtete, sie würden sie mir auch wegnehmen, wie sie es mit all meinen persönlichen Sachen gemacht hatten –, aber es war gut möglich, schließlich war Saddams Bild überall, also hatte ich genickt. »Was hältst du von Saddam?« Ich dachte sofort, es sei eine Fangfrage: »Ihr seid doch diejenigen, die entscheiden müsst, wer euch regieren soll, ich bin Italienerin und muss mich darum kümmern, wer Italien regiert. Was ich nicht akzeptieren kann, ist, dass man einen Krieg führt, um eine Regierung zu stürzen, oder dass man ein Volk 13 Jahre lang einem Embargo aussetzt. Dafür kann ich in meinem Land kämpfen, aber hier seid ihr diejenigen, die die Wahl treffen müsst, nicht ich …« Abbas bohrt nicht lange nach, auch wenn er es später noch einmal versuchen wird. Allerdings redet er nie von den geistlichen Führern der Sunniten, die im Rat der Ulemas versammelt sind. Unter den Ulemas gibt es überdies keine einzige charismatische und autoritäre Persönlichkeit wie al-Sistani, was auch daran liegen mag, dass bei den Sunniten der Klerus nicht hierarchisch strukturiert ist wie bei den Schiiten. So kommt es, dass meine Wächter, die sich – mit der Wahl ihrer »Kampfnamen« – als Schiiten ausgegeben haben, sich über ihren angeblichen Führer Ali al-Sistani lustig machen.

Was ich in jedem Fall begriffen hatte, war, dass meine Entführer Sunniten und keine Fundamentalisten (sprich Wahhabiten) waren, obgleich sie sich sehr religiös gaben, es mich zumindest glauben machen wollten. Wie auch immer, ihr Groll gegen die Schiiten wurde vor allem dann greifbar, wenn von den Riten zum Gedenken an die Imame oder über die (damals) letzten Wahlen gesprochen wurde.

Der tiefe Graben zwischen Sunniten und Schiiten, ganz zu schweigen von den Kurden, war inzwischen auf jeder Ebene offensichtlich. Noch vor wenigen Jahren, vor dem Krieg, war es anders gewesen. Ein Großteil der Familien war gemischt: Ehen zwischen Schiiten, Sunniten und Kurden hatten auch die größten Stämme »verunreinigt«, in denen man oft sowohl auf Sunniten als auch auf Schiiten traf. Ein Beispiel fand ich im Haus meines Dolmetschers Wael. Ich war dort, um seinen Vater Salman Dawood al-Bajati zu interviewen, vormaliger Sekretär der irakischen Gewerkschaften, der wegen eines angeblichen Komplotts angeklagt worden war (eine Methode, die Saddam benutzte, um jene auszuschalten, die seine Vormachtstellung gefährdeten): Der Vater ist Sunnit, die Mutter Schiitin, Wael, der aufgrund der väterlichen Abstammungslinie Sunnit ist, hat eine Kurdin geheiratet, die ebenfalls Sunnitin ist. Heute wäre eine Mischehe undenkbar: Inzwischen sucht man seine zukünftige Frau oder seinen Mann nur noch innerhalb des Stammes oder zumindest in der eigenen Religionsgemeinschaft. Und in der Tat erzählt mir auch Hussein von seiner möglicherweise bevorstehenden Hochzeit, er spielt mit dem Gedanken, eine Cousine zu heiraten.

Die Auseinandersetzung zwischen Sunniten, Schiiten und Kurden hat sich in den letzten Monaten sehr verschärft und es waren vor allem die Vereinigten Staaten, die diese Teilung des Landes vorangetrieben haben. Die Teilung des Irak war ein westlicher Plan mit dem Ziel, das Land besser kontrollieren zu können. Hierzu wurden gleich nach dem Krieg 1991 die *no-fly zones* geschaffen, die beiden Gebiete, die Saddams Flugzeuge nicht überfliegen durften, nördlich des 32. und südlich des 36. Breitengrades. Offiziell dienten sie dazu, die Kurden im Norden und die Schiiten im Süden zu schützen, hatten jedoch nicht verhindern können, dass beide Gruppen blutigen Massakern unter Saddams Armee zum Opfer fielen, nachdem sie einen von Washington – das sie aber anschließend sich selbst überlassen hatte – angeregten Aufstand geplant hatten. Die *no-fly zones* waren also bereits so etwas wie die Vorwegnahme eines dreigeteilten Landes: Kurden im Norden, Sunniten im Zentrum und Schiiten im Süden. Ein Plan, der unter der Besatzung weiter vorangetrieben wird, indem man sich des alten Grolls gegen Saddam – der Kurden und Schiiten unterdrückt hat – und gegen die Sunniten im Allgemeinen bedient, die, obgleich sie eine Minderheit bilden (etwa 20 Prozent der 25 Millionen Iraker), das Land seit der Unabhängigkeitserklärung im Jahr 1932, zu Zeiten der Monarchie, regieren.

Eine Teilung, die auch mit der Vergabe der Verträge für den Wiederaufbau verfolgt wird. Die ersten Infrastrukturen, die teilweise wieder eingeführt wurden, waren die Telefondienste (im Übrigen die ersten, die zu Beginn der Bombardierungen zerstört wurden), vor allem aber wurde ein Mobilfunknetz eingerichtet, das zu Saddams Zeiten nicht existierte. Zur Schaffung dieses Netzes wurde das Land dreigeteilt: Der Norden wurde einer türkisch-irakischen, das Zentrum einer ägyptisch-irakischen, der Süden einer kuwaitisch-irakischen Telefongesellschaft zugeteilt. Und diese drei Netze sind untereinander nicht verbunden: Von Bagdad kann man mit einem Iraqna-Handy nach Italien telefonieren, nicht aber nach Basra oder Suleimanija. Das ist nichts Neues; in den Balkanländern war die Aufteilung der Telefonnetze eines der ersten Anzeichen für die Teilung Jugoslawiens.

Doch die Iraker haben sich auch in Hinblick auf die amerikanische Intervention geteilt: Die Kurden haben das amerikanische Heer unterstützt und unterstützen es weiterhin; die Schiiten hatten eine etwas zwiespältigere Haltung – nach der Unterdrückung durch Saddam profitierten sie von der Intervention der Koalition, um sich zu befreien, in dem Glauben (ob aus Überzeugung oder Illusion), dass die Amerikaner nach der Ausschaltung des Rais abziehen würden. Allerdings stellte sich der radikale Schiitenführer Muqtada al-Sadr stets gegen die Besatzungsmacht und verwickelte sie mit dem Jaish al-Mahdi, der al-Mahdi-Armee (benannt nach dem zwölften, verborgenen Imam, auf dessen Rückkehr die Schiiten warten) in Nadschaf und Sadr City in schwere Schlachten. Die von Saddam privilegierten Sunniten, die seit je die Macht im Irak innehatten, sind die erbittertsten Gegner der Besatzung, denn sie haben ihre Macht und mit ihr die Würde verloren. Sie sind es, die die Reihen des Widerstands füllen, in manchen Fällen auch die des Terrorismus von al-Sarqawi. Der Terrorist, den man mit al-Qaida in Verbindung bringt, proklamiert die Auflehnung der Sunniten gegen die »vom Glauben abgefallenen« Schiiten. Und in der Tat, wenn man den Enthüllungen in der New York Times (9. Februar 2004) Glauben schenkt, denen zufolge eine Botschaft aufgetaucht sei, die der Anführer der Terrororganisation al-Tawheed auf einer CD an den Anführer der al-Qaida, Osama bin Laden, geschickt hat, so schlägt Abu Musab al-Sarqawi die Strategie vor, die »größten Feiglinge, die Gott geschaffen hat«, zu bekämpfen. Gemeint sind die Schiiten. Tatsächlich liest man in dem Brief: »Die Lösung, und nur Gott weiß das, ist es, die Schiiten in die Schlacht hineinzuziehen. Das ist die einzige Möglichkeit, die Dauer unseres Kampfes gegen die Ungläubigen zu verlängern. Wenn es uns gelingt, sie in einen Sektenkrieg zu ziehen, werden die Sunniten endlich aufwachen, denn sie werden sich vor Zerstörung und Tötung durch die Schiiten fürchten.« Und seither – ob nun die Gruppe um al-Sarqawi der Urheber all dieser Attentate auf die Moscheen war oder nicht – konnte man die Opfer unter den gläubigen Schiiten zu Hunderten zählen. Al-Sarqawi feierte auf einer Website den Tod der Schiiten, die er herablassend »Affen« und ihre Religion eine »Beleidigung Gottes« nannte. Anfangs hatte der Großajatollah Ali al-Sistani versucht, Repressalien zu vermeiden, und die Schiiten aufgefordert, sich auf den Wahlprozess zu konzentrieren. Nach der Wahl jedoch rief er die neue Regierung auf, »das Land vor einer Massenvernichtung zu schützen«. Vermutlich mehr, als al-Sarqawi sich hatte träumen lassen, wurde die Solidarität unter den Besetzten – vor allem unter denen, die es am härtesten getroffen hat und die sich offen gegen die Besatzung auflehnen – schnell brüchig, auch wenn das der al-Qaida nicht übermäßig viele neue Anhänger in die Arme getrieben hat, von ein paar extremen Splittergruppen einmal abgesehen.

Jedenfalls haben sich die Fronten zwischen Sunniten und Schiiten mit der Verschlechterung der Lage verhärtet. Bis es am 31. August zu einem Blutbad (mit etwa tausend Toten und Hunderten von Verletzten) unter den Hunderttausenden Gläubigen kam, die sich in in der Khadimija-Moschee versammelt hatten, um Musa al-Khadim zu gedenken, des siebten Imam, der 799 n. Chr. in Bagdad auf Befehl des Abassidenkalifen Harun al-Raschid, der in ihm einen Rivalen sah, vergiftet worden war. Ein Gerücht über anwesende Selbstmordattentäter und vielleicht die ein oder andere Explosion reichten aus, um eine Panik mit dramatischen Folgen auszulösen. Die Tragödie hat eine große symbolische Bedeutung gewonnen: Ein Großteil der Toten ist auf die zusammengebrochenen Geländer der Brücke zurückzuführen, die das schiitische Viertel Kadhimija mit dem Adhamija-Viertel auf der anderen Seite des Tigris verbindet, der Hochburg des sunnitischen Widerstandes. Außerdem soll der Leichnam des gefeierten »Märtyrers« von genau der Brücke, auf der nun viele Gläubige den Tod gefunden haben, geworfen worden sein, ehe man ihn in der prachtvollen, monumentalen Moschee bestattete, die darauf nach dem Imam Kadhimija genannt wurde. Es ist, als wäre die Kluft zwischen den Religionsgemeinschaften nach dieser Tragödie noch tiefer geworden, auch wenn es viele Solidaritätsbezeugungen seitens der sunnitischen Bevölkerung für die verletzten Schiiten gab.

Während der Belagerung der Kämpfer des radikalen Schiitenführers Muqtada al-Sadr im August 2004 in Nadschaf war Hilfe auch von Seiten der Sunniten gekommen. Ebenso waren die Hilfskonvois in Falludscha unter der Belagerung im April 2004 von Schiiten und Sunniten gemeinsam organisiert worden. Doch die Ermordung von sechs schiitischen Fahrern – am 5. Juni desselben Jahres in Falludscha –, die unterwegs waren, um aus Sadr City Hilfsgüter in einen amerikanischen Stützpunkt zu transportieren, löste Empörung aus. Grauenhaft waren die Bilder ihrer verstümmelten Leichen, die auf den ersten Seiten einiger Zeitungen erschienen waren. Die Rache der Schiiten folgte unmittelbar auf die Ermordung dreier Sunniten aus Falludscha. Im November 2004, während des nächsten Angriffs auf Falludscha, der sehr viel schwerer als der vorhergehende ausfiel und die Zerstörung der Stadt mit sich brachte, befanden sich auch Schiiten und Kurden unter den von den Amerikanern angeführten Sturmtruppen, auch wenn man nicht weiß, wie viel sie wirklich gekämpft haben.

Die Bildung von Sicherheitskräften und des Heeres hat einen weiteren Keil zwischen die verschiedenen ethnischen und konfessionellen Gruppen getrieben. In der Tat waren – nach der Auflösung von Saddams Armee – die Sunniten vom neuen Heer ausgeschlossen. Der Exrais hatte sie in ihrer Laufbahn begünstigt, auch wenn im Krieg gegen den Iran (1980–88) einige schiitische Offiziere befördert worden waren. Und das war kein Zufall. Die schiitischen Brüder im Iran zu bekämpfen stellte eine große Prüfung dar: Damals war Nationalgeist – die irakischen Schiiten sind Araber und keine Perser – wichtiger als Religionszugehörigkeit. Die erste Niederlage war den Iranern 1982 zugefügt worden, und zwar ausgerechnet von einem schiitischen Kommandanten. Der Rais hatte sich in seiner Kriegspropaganda außerdem den historischen Konflikt zwischen Arabern und Persern zunutze gemacht, sich zum neuen Saladin emporgehoben und den Konflikt eine »Qadisijah« der modernen Zeit genannt. Qadisijah war die Schlacht, in der die Araber 637 n. Chr. die Perser geschlagen hatten, was dem Islam erlaubte, sich nach Osten auszubreiten. Auf der Welle dieser Mobilmachung gegen Ende der achtziger Jahre war die Illusion einer größeren Integration der Schiiten in den Institutionen des Landes geboren worden, eine Idee, die nie wirklich realisiert wurde. Die Sunniten blieben die vom Regime privilegierte Elite, während die Schiiten sich im kulturellen Bereich hervortaten (viele intellektuelle Schiiten haben die Reihen der kommunistischen Parteien gestärkt) und in den Gebieten, in denen sie die Mehrheit bildeten, einschließlich der Hauptstadt, wirtschaftlich expandierten. Die – wie die kurdische – stark unterdrückte schiitische Opposition kämpfte gegen Saddams Regime und sein Heer, aber erst nach dem letzten Krieg und seinen perversen Auswirkungen auf die Bevölkerung – die auch das Auftauchen des Terrorismus auf der irakischen Bühne begünstigte – erhielten die Unterschiede konfessionelle und ethnische Merkmale.

Die Wahlen am 30. Januar 2005 – die vor allem die Besatzungsmacht wollte, um den Übergangsplan einzuhalten und den Erfolg des »Demokratisierungsprozesses« zu demonstrieren – waren ein weiterer Schritt auf den Abgrund der Teilung zu. Wahlen sind ein Ausdruck der Demokratie, wenn sie das Resultat, die Krönung eines Prozesses der Demokratisierung und Einbeziehung des Volkes darstellen, und nicht dessen Ausgangspunkt. Das gilt vor allem für ein Land, das sich zum Großteil jeglicher Kontrolle entzieht und in dem das zarte Gebilde der Demokratie zunächst durch die Diktatur und schließlich von Krieg und Besatzung zum Einsturz gebracht wurde. Die Angriffe auf die Rebellenstädte – Samarra, Falludscha, Baquba, Ramadi, Mosul –, mit dem Ziel, sie vor der Wahl von »Aufständischen zu reinigen«, haben, statt den Ablauf der Wahlen zu erleichtern, das Gegenteil bewirkt: Die eingesetzte Gewalt hat gezeigt, dass es unter der Besatzung nicht möglich ist, sich frei auszudrücken, und schon gar nicht, frei zu wählen, und so hat man denen, die diese Wahl verhindern wollten, weitere Argumente geliefert. Das Resultat: Die sunnitische Gemeinschaft ging nicht wählen, entweder aus freier Entscheidung – gegen die Besatzung – oder weil es nicht möglich war – wie hätten die Flüchtlinge aus Falludscha wählen sollen? – oder aus Zwang – wegen der Drohungen der bewaffneten Widerstandsgruppen, die die wenigen sunnitischen Wähler bestraft hätten. Eine bedeutende Minderheit (20 Prozent) war somit von Anfang an grundlegend von dem Prozess, der im Gange ist, ausgeschlossen (mit Ausnahme der Liste des Expräsidenten al-Jawar, der fünf der insgesamt 275 Abgeordneten der Vollversammlung gewählt hat). Sie konnten lediglich einige Vertreter in die Regierung und in die Abgeordnetenkommission für das Aufsetzen der Verfassung hinzuwählen. Die beiden anderen Gemeinschaften dagegen, die Schiiten und die Kurden, nahmen an der Wahl teil und unterstützten damit Bushs Plan im Wesentlichen, auch wenn man berücksichtigen muss, dass das Programm der konfessionellen schiitischen Liste (die von al-Sistani unterstützte irakische Allianz, die 48,2 Prozent der Stimmen und 140 Sitze erhielt) auch den Abzug der Besatzungstruppen vorsieht.

Die von den westlichen Fernsehanstalten ausgestrahlten Bilder zeigten nur diejenigen, die wählen gingen, ohne jedoch auf die Gründe derer einzugehen, die nicht an der Wahl teilnahmen.

Diese Verzerrung hat mich an den berühmten Sturz der Saddamstatue auf dem al-Firdaus-Platz gleich nach der Ankunft der Amerikaner (9. April 2003) erinnert. Nahm man die von westlichen Sendern ausgestrahlten Bilder als Maßstab, schien der Platz gefüllt mit feiernden Irakern, doch die Bagdader waren noch in ihren Häusern eingeschlossen. Die Einzigen, die auf dem Platz waren, waren Mitarbeiter der Hunderte von Journalisten, die das Ereignis illustrierten.

Am Tag der Wahl hatte ich das Gefühl, wieder am Set des gleichen Films zu sein, dessen böses Ende man von Anfang an ahnen konnte: Das Klima, das man an diesen Tagen unter der Ausgangssperre atmete, war das der nahenden Katastrophe – ähnlich wie am Tag vor der Ankunft der Amerikaner – und nicht das der Euphorie über die ersten freien Wahlen nach Saddam.

Natürlich ist Bagdad nicht der Irak. In Kurdistan wählten die Leute scharenweise – manche auch zweimal, womit man den historischen kurdischen Parteien einen »bulgarischen« Sieg sicherte – die Demokratische Partei und die Patriotische Union Kurdistans, die zusammen 98 Prozent der Stimmen erhielten, 25,7 Prozent auf nationaler Ebene. Ziel der überwältigenden Mehrheit der Kurden ist die Unabhängigkeit: Das zeigt das Referendum, das zusammen mit den Wahlen am 30. Januar 2005 stattfand. 98 Prozent von zwei Millionen Wählern stimmten für einen vom Irak getrennten kurdischen Staat.

Wollten die Kurdenführer diesen Beweis ihrer Stärke nur, um in den Verhandlungen in Bagdad größeren Einfluss zu haben? Mag sein. Aber von der schrittweisen Abspaltung von Bagdad, die sich mit den Jahren abzeichnete, zeugen andere Dinge. Am 4. Juni 2005 in Erbil, auf der Einweihung der Nationalversammlung Kurdistans – des regionalen Parlaments, das die Kurden nach 1991 erhalten hatten –, an der der Präsident des Irak, der Kurde Dschalal Talabani teilnahm, war nicht eine einzige irakische Fahne zu sehen. Und nicht nur das. Die Parlamentarier, die ihre Loyalität zur Einheit der kurdischen Region des Irak schwören sollten, vergaßen des Öfteren »des Irak« zu sagen. Die Realität Kurdistans unterscheidet sich erheblich vom Rest des Landes: Da Kurdistan die amerikanische Invasion unterstützte, erlitt es keine Kriegsschäden und die Region kam in den Genuss von Investitionen, die ihre Entwicklung vorantrieben. Außerdem blieb Kurdistan, von einigen besonders blutigen Zwischenfällen abgesehen, von Terroranschlägen weitgehend verschont, obwohl sich die Gruppe al-Ansar al-Islam – die einzige irakische Gruppe, die mit der al-Qaida in Verbindung gebracht wird – 2001 ausgerechnet im Kurdengebiet Halabdscha niedergelassen hatte. Wie auch immer, der Kampf der Kurden um die Unabhängigkeit findet vorerst in Bagdad statt: Die Formel des Föderalismus sieht faktisch, in Anbetracht der Kompetenzen, die Kurdistan zugesprochen wurden, einen Bundesstaat vor. Aber der wahre Knackpunkt in der Kurdenfrage ist Kirkuk, ohne das ein unabhängiges Kurdistan keine Überlebenschance hätte. Die Stadt ist seit je Gegenstand eines Streits: Für die Kurden ist sie kurdisch, mehr noch, sie soll die Hauptstadt Kurdistans werden (Regierung und Parlament haben derzeit ihren Sitz in Erbil), Saddam dagegen hatte sie von Kurdistan abgespalten und seit den siebziger Jahren »arabisiert«: Zunächst, indem er mittels finanziellem Anreiz die Umsiedelung von Lehrern aus anderen Regionen begünstigte, dann, indem er Kirkuk zum Zwangswohnsitz für alle erklärte, die die Parteiordnung verletzt hatten. Die Turkmenen erheben ihrerseits den Anspruch, die Gründer Kirkuks gewesen zu sein, und beklagen nun ihre Diskriminierung durch die Kurden. Seit die Kurden nach der amerikanischen Invasion in die Stadt kamen, eröffneten sie die Jagd auf die Araber: eine Art Umkehrung der Rassenpolizei Saddams. Viele Kurden kehrten zurück, um sich ihr Eigentum wiederzuholen, aber die Leute, die dort wohnten, hatten oft nichts mit den Enteignungen zu tun, mit denen der Rais die Kurden letztendlich vertrieben hatte. Sie sind nun diejenigen, die für die Folgen büßen. Viele bedrohte Araber mussten ihre Häuser zu Schleuderpreisen verkaufen oder verlassen und sind in ihre Ursprungsgebiete zurückgekehrt.

Der entscheidende Bonus Kirkuks ist das Öl: Auf den Ölfeldern der Region werden 40 Prozent der irakischen Produktion gefördert. Mit einer Flucht nach vorn (und offenbar mit der Bürgschaft der USA) hat die kurdische Regierung bereits Verträge für den Verkauf des Öls unterschrieben, die das Ministerium in Bagdad einhält, während man noch auf die Definierung des Status von Kirkuk wartet. Bisher ist die Frage aufgeschoben worden (nicht einmal die Amerikaner, die ihren treuesten Verbündeten viel verdanken, sind bereit, die Kontrolle über das schwarze Gold von Kirkuk gänzlich den Kurden zu überlassen). Man hatte auch von einem Referendum gesprochen, das die ethnische Säuberung noch beschleunigen würde. Denn unter den Einheimischen Kirkuks sind nicht nur Kurden, sondern auch Araber (die in der Provinz stark vertreten sind), Turkmenen, Assyrer und Chaldäer.

Gegen den von den Kurden vorgeschlagenen Bundesstaat stellen sich jedoch auch die Schiiten, die seit den Wahlen vom 30. Januar 2005 die Regierung dominieren. Allerdings haben sie ein offenes Ohr, sobald das Thema Öl mit ins

Spiel gebracht wird. In der Tat produziert man im Süden Iraks den größten Teil des Rohöls und die alte zentralisierte Verwaltung in Bagdad, behaupten die Schiiten, hatte nur die Hauptstadt und das von Sunniten bewohnte Zentrum des Landes begünstigt, die jedoch über kein Öl verfügen. Aus diesem Grund sind sie zu einem Kompromiss bereit, wie aus dem Text der im August verabschiedeten und mit Referendum vom 15. Oktober 2005 bestätigten Verfassung hervorgeht.

Der Föderalismus ist nicht der einzige Streitpunkt zwischen Schiiten und Kurden, die immerhin drei Monate gebraucht haben, um eine Regierung zu bilden. Die von al-Sistani unterstützte Liste, die die Wahlen gewonnen hat, wird von zwei religiösen Parteien dominiert: dem Hohen Rat für die islamische Revolution im Irak (SCIRI) von Abdelaziz al-Hakim und der Dawa, der Partei des Premierministers Ibrahim al-Dschafari. Beide wollen einen islamischen Staat nach dem Modell des iranischen Vorbildes. Iraner ist übrigens auch ihr spiritueller Führer, Ali al-Sistani, der, obgleich er seit etwa 40 Jahren im Irak (Nadschaf) lebt, seine ursprüngliche Nationalität beibehält, weshalb er nicht einmal wählen darf. Aber damit die Iraker wählen gehen, hat er eine Fatwa ausgesprochen, die mit Demokratie nicht viel zu tun hat, ebenso wenig übrigens wie der islamische Staat, den er verfechtet. Und das sollten die Befürworter der »Demokratisierung« des Irak eigentlich wissen.

Der islamische Staat hat auch Anhänger unter den sunnitischen Konservativen – den Wahhabiten –, die allerdings nicht die Entscheidung für das »iranische Modell« schiitischen Ursprungs teilen. Der Abbau des säkularen Staates macht dagegen den Laizisten aller Konfessionen und den größten kurdischen Parteien Sorgen, die die Säkularität des Staates befürworten. Bei den Wahlen (Januar 2005) unterstützten die Amerikaner die kurdischen Parteien auch deshalb – ohne sich um die Wahlumtriebe zu kümmern –, um einen Gegenpol zu der islamistisch-schiitischen Flut zu bilden. Ohne Erfolg; und der schiitische Kandidat, der Expremier Ijad Allawi, der von den USA unterstützt wurde, kam nicht über 13,8 Prozent hinaus. Die Kurden mussten also den Islam als wesentliche Gesetzesgrundlage hinnehmen – und um sicherzustellen, dass kein Gesetz der Scharia widerspricht, richtet die Verfassung ein Hohes Religionsgericht ein –, damit sie die Zustimmung der religiösen schiitischen Parteien zum Bundesstaat erhalten. Immerhin kann die kurdische Regierung von der Option Gebrauch machen, die föderalen Gesetze, die mit der örtlichen Gesetzgebung in Konflikt stehen, zu ändern, darüber hinaus wird die Verfassung die Gesetze anerkennen, die die kurdische Regierung seit ihrem Bestehen 1992 erlassen hat.

Haben Kurden und Schiiten auch einen Kompromiss hinsichtlich der Verfassung gefunden, um gegenseitig ihre jeweiligen Interessen zu schützen, bleibt die Auseinandersetzung mit der sunnitischen Minderheit schwierig, besonders was das Thema Föderalismus betrifft. Ein Föderalismus, der vor allem auf der Verteilung des Öls gründet. Die Verfassung besagt: »Öl und Gas sind Eigentum des gesamten irakischen Volkes« (Artikel 109) und fügt hinzu: »Die Zentralregierung verwaltet das aus den aktuellen Quellen geförderte Öl und Gas gemeinsam mit den Regierungen der Regionen und Provinzen, die sie produzieren« (Artikel 110). Es ist nur von »aktuellen Quellen« die Rede, doch was ist mit denen, die neu erschlossen werden? Außerdem sind Entschädigungen vorgesehen, für die Nutzung der Ressourcen in der Vergangenheit. Die Befürchtungen der Sunniten, die über keine Ölvorkommen verfügen, sind nur verständlich, wenn Kirkuk Kurdistan zugesprochen wird. Im Namen des Föderalismus wird die kurdische Regierung die Kontrolle über die 60 000 Peschmerga haben, die kurdische Miliz.

Ein weiterer Streitpunkt mit den Sunniten ist die »Debaathisierung«, der Prozess, der darauf abzielt, die Vertreter der ehemals einzigen Partei von politischen und behördlichen Aufgaben auszuschließen, und vor allem darauf, die Baath-Partei auf den Rang einer Organisation zu reduzieren, die Rassismus und Terrorismus propagiert hat. Angesichts des Referendums am 15. Oktober suchen die Sunniten nach lagerübergreifenden Allianzen mit den größten Skeptikern dieses Föderalismusmodells wie dem radikalen Schiitenführer Muqtada al-Sadr. Gegen dieses Modell sind auch die säkularen Parteien und viele Frauenorganisationen. Das Übergangsgesetz sieht vor, dass eine Zweidrittelmehrheit in drei Provinzen die Verfassung ablehnen kann. Eine Novelle, die die Kurden begünstigen soll, die aber in den Händen der Sunniten, die sich im Januar der Wahl enthielten, zur Wahlwaffe werden kann.

»Wir fordern das irakische Volk auf, am Referendum über die Verfassung teilzunehmen und sie abzulehnen, um zu zeigen, wer dahintersteckt und wer sie gegen den Willen des irakischen Volkes aufgesetzt hat«, sagte Scheich Hareth al-Dhari, Sekretär des Rats der Ulemas, in einem Interview mit dem arabischen Fernsehsender al-Majid am 28. August 2005.

Während die kurdische Regierung die Gesetze von Bagdad ändern kann, so haben die religiösen schiitischen Parteien, die über bewaffnete Milizen verfügen, gar nicht erst die Diskussion über die Verfassung abgewartet, um die Anwendung der Scharia im gesamten von ihnen kontrollierten Süden Iraks durchzusetzen. Jedes Verhalten, das nicht mit der strengsten und konservativsten Auslegung des Korans konform geht, wird bestraft. Die ersten Opfer waren die Frauen, die neben ihrem Verhalten auch ihre Kleidung ändern mussten. Um den Alkohol abzuschaffen, der im Übrigen in der späten Phase von Saddams Regime zwar verkauft, aber nicht in der Öffentlichkeit konsumiert werden durfte, wurden Getränkehandlungen, die in der Regel von Christen geführt wurden, angezündet. Einige Besitzer sind in ihren eigenen Geschäften verbrannt, andere wurden umgebracht. Auf diese Weise wurde der Großteil der Christen gezwungen, Basra und den Süden zu verlassen und nach Mosul umzuziehen – wo die größte christliche Gemeinde angesiedelt ist – oder zu emigrieren.

Das neue Heer im Fadenkreuz

Die Sunniten, die die Wahlen boykottierten, und die Schiiten, die gewählt haben, sind sich in einem Ziel einig: dem Ende der Besatzung. Der Rückzug der ausländischen Truppen war in der Tat, zumindest auf dem Papier, einer der Programmpunkte der siegreichen schiitischen Liste. Gleiches Ziel, aber unterschiedliche Strategien: Die Sunniten kämpfen mit den Waffen der US-Truppen, ohne die Chance auf Sieg, den allerdings nicht einmal die Marines auf dem Schlachtfeld erringen können; die Schiiten dagegen haben auf die Eroberung der Macht gesetzt, um eines Tages in der Position zu sein, den Rückzug der Truppen fordern und durchsetzen zu können. Die aktuell unter dem Schutz der

USA regierenden Iraker sind der Ansicht, dass sie den Abzug der ausländischen Truppen erst dann fördern können, wenn sie das Gebiet wieder unter ihre Kontrolle gebracht haben. Die Regierungen der Koalition nehmen im Wesentlichen dieselbe Position ein, die für einige (Italien eingeschlossen) vermutlich bedeutet: militärisches Disengagement gegen eine Beteiligung an der Ölrendite sowie eine Aufteilung des Gewinns aus dem Wiederaufbau. Für andere, vor allem für die USA, eine Reduzierung und eine neue Dislokation der eigenen Truppen, um ein weiteres Ausbluten zu vermeiden, das insbesondere Bushs Beliebtheit in amerikanischen Umfragen verringert.

Die Bildung eines neuen irakischen Heeres und der Sicherheitskräfte ist also ein neuralgischer Punkt. Was für ein Heer soll das sein, dessen nationale Einheit auf dem Scheiterhaufen des baathistischen Regimes geopfert wurde? Die Auflösung des Heers und der Baath-Partei, die eine flächendeckende Kontrolle über das Territorium hatte, gehörten zu den tragischsten Fehlern, die die Amerikaner gleich nach ihrer Ankunft in Bagdad begingen. Das Land stürzte ins Chaos und die fehlenden Kontrollen an den Grenzen ermöglichten es Terroristengruppen, in den Irak zu gelangen und das Land in einen fruchtbaren Boden für ihren Dschihad gegen die westlichen »Ungläubigen« zu verwandeln.

Der Aufgabe, dem Irak wieder ein Heer zu geben, haben sich die Besatzungsmächte angenommen. Eine schwierige Aufgabe, und das nicht zuletzt, weil die Rekruten in die Schusslinie al-Sarqawis geraten sind, der unaufhörlich Blutbäder unter ihnen anrichtet, womit er vermutlich gleich zwei Ziele verfolgt: Vermeiden, dass ein irakisches Heer die Kontrolle über das Territorium gewinnen und möglicherweise sogar einen Vorwand darstellen kann, die Truppen der

»Ungläubigen« zum Abzug aufzufordern, und Bestrafung der »abtrünnigen« Schiiten. In der Tat sind die Rekruten im Süden fast hauptsächlich Schiiten, im Norden dagegen Kurden, abgesehen von dem ein oder anderen rehabilitierten sunnitischen Offizier aus Saddams Heer. Die neuen Sturmtruppen bestehen hauptsächlich aus Peschmerga, kurdischen Kämpfern, die bereits in Kurdistan ausgebildet wurden, um gegen Saddam zu kämpfen. Und wie sollte es auch anders sein? Die Kurden sind die treuesten Verbündeten der Amerikaner, und die Ziele, die es zu treffen gilt, befinden sich vor allem in der Nähe der Grenze zu Kurdistan, im so genannten »sunnitischen Dreieck«, den Gebieten, in denen der Widerstand am stärksten ist. Wenn jedoch die Peschmerga in erster Reihe der Kampfeinheiten kämpfen, ist klar, dass das Heer niemals die Verteidigung eines geeinten Iraks zum Ziel haben kann. Diese Einheiten sind der Regierung von Erbil ergebener als der von Bagdad. Außerdem bedient sich kein kurdischer Minister, der Präsident eingeschlossen, der neuen irakischen Sicherheitskräfte, um sich selbst zu schützen, sondern vertraut sich stattdessen den Peschmerga an, die eigens dazu ausgebildet sind. Gleiches gilt für die schiitischen Regierungsvertreter, die sich von ihren Parteimilizen beschützen lassen, die wiederum eher den Moscheen in Teheran treu ergeben sind als den Institutionen von Bagdad.

Zu dieser inneren Schwäche kommt die Korruption, die die Bildung des irakischen Heeres entscheidend beeinflusst, sowohl was seine Anzahl als auch seine Ausrüstung betrifft. Daher auch der nahe liegende Zweifel daran, dass diese Truppen jemals die ausländischen Truppen ersetzen können. Jedenfalls sind nicht einmal die Truppen der Koalition in der Lage, das Territorium zu kontrollieren, wie die ständigen blutigen Angriffe zeigen, denen sie ausgesetzt sind.

Die irakischen Streitkräfte konstituieren sich zu einem großen Teil aus »Geisterbataillonen«: Nach der Ausbildung kehren viele Soldaten nach Hause zurück und die Offiziere stecken weiterhin die Gehälter auch der Militärs ein, die verschwunden sind oder nur auf dem Papier existieren. »Die Vereinigten Staaten behaupten, dass die Sicherheitskräfte auf 150 000 Iraker zählen können, aber ich bezweifle, dass es mehr als 40 000 sind«, erklärte Mahmud Othman, ein irakischer Parlamentarier, einem Journalisten von »The Guardian« (24. Juli 2005). Er führte auch einen Korruptionsfall in Zusammenhang mit den Militärausgaben an, der Aufsehen erregt hatte: Die 300 Millionen Dollar, die das Verteidigungsministerium – mit den Amerikanern als Komplizen – ausgab, um 24 Militärhubschrauber und weitere Ausrüstungen von Polen zu kaufen, wurden praktisch zum Fenster rausgeworfen. Die Hubschrauber, die in Bagdad eintrafen, waren 28 Jahre alt und der Hersteller empfiehlt die Verschrottung nach 25 Jahren! Das mit den Hubschraubern ist kein Einzelfall! Der irakische Verteidigungsminister Ali Allawi höchstpersönlich zeigte am 18. September 2005 einen Betrug bei den Militärausgaben an, der sich auf eine Milliarde Dollar belaufen soll. Dabei handelt es sich nicht um den Kauf der polnischen Hubschrauber, sondern um Panzerfahrzeuge, die Kugeln aus einem Ak46 durchließen, und um MP5-Maschinengewehre, für die 3500 Dollar pro Stück gezahlt wurden und die gegen ein ägyptisches Modell im Wert von 200 Dollar pro Stück ausgetauscht wurden. Auf diese Weise ist die Polizei natürlich nicht in der Lage, sich der Guerilla entgegenzustellen, die auch noch besser bewaffnet ist, geschweige denn den Terroristen. Aber warum bewaffnen die Amerikaner die irakischen Polizisten nicht? Weil sie ihnen so wenig trauen, dass sie eine Art stillschweigende Übereinkunft mit dem Widerstand befürchten: In der Polizei sind, im Gegensatz zum Heer, Sunniten, also ehemalige Polizisten oder Offiziere in Saddams Heer. Die Ängste der Besatzer sind in vielen Fällen begründet. Im November 2004 zum Beispiel, während der Angriffe auf Falludscha, transferierten sich Gruppen des Widerstands nach Mosul und die Ordnungskräfte unternahmen nichts, um sie daran zu hindern. Im sunnitischen Dreieck ist das Misstrauen zwischen Polizei und Besatzungstruppen gegenseitig. Und immer kommt es zu blutigen Zusammenstößen. Im September 2003 haben die Amerikaner in Falludscha acht irakische Polizisten erschossen, die auf der Verfolgung eines gestohlenen Wagens zufällig am amerikanischen Stützpunkt vorbeikamen. Die Ineffizienz des irakischen Heeres könnte für die Amerikaner einen Vorwand darstellen, sich nicht aus dem Land zurückzuziehen.

Bürgerkrieg

Zu den Aufgaben, die sich die Milizen der religiösen schiitischen Parteien teilen, die al-Badr-Brigaden und die Rivalen der al-Mahdi-Armee von Muqtada, die in Scharen zur Polizei einberufen wurden, gehört nicht nur, die islamische Ordnung durchzusetzen, sondern auch, Jagd auf Exbaathisten zu machen. Eine Jagd, die bereits Tausende von Toten gefordert hat, mindestens 1000 allein in Basra. Am Tag nach Saddams Sturz im Juni 2003 war ich in Basra, wo die Jagd bereits begonnen hatte, und zwar durch eine Gruppe der sogenannten »islamischen Rache«, deren Ziel die Vertreter des alten Regimes, aber auch Kommunisten und die neue Gewerkschaft waren. Inzwischen sind es zum Großteil die

Milizen der religiösen Parteien, die die Polizei infiltrieren und die inoffizielle »Debaathisierung« in die Tat umsetzen. Nach den Angaben eines freien amerikanischen Journalisten, Steven Vincent, der kurz nach der Veröffentlichung seines Artikels in der »New York Times« (31. Juli 2005) zu diesem Thema ermordet wurde, fahren die Henker von Basra in einem Polizeiwagen durch die Gegend. Die in der Stadt kursierenden Gerüchte waren Vincent von einem Polizeileutnant bestätigt worden, der offenbar anonym bleiben wollte: »Einige Offiziere der Polizei verüben in Basra jeden Monat Hunderte von Morden, meist an ehemaligen Mitgliedern der Baath-Partei. Er (der Polizeileutnant) hat mir erzählt, dass es auch eine Art ›Todesauto‹ gibt: einen weißen Toyota Mark II, der durch die Straßen der Stadt fährt und Aktionen durchführt, die nicht in den Kompetenzbereich der Polizei gehören, sondern auf das Konto extremistischer religiöser Gruppen gehen.« Im Übrigen gehört die Mehrheit aller Polizisten einer religiösen Gruppe an: »75 Prozent der Polizisten stehen hinter Muqtada – einem großen Mann«, hatte ein Offizier zu Steven Vincent gesagt. Und so haben in den Polizeirevieren – wie auf der Straße und sonst überall – die Bilder der religiösen Führer die allgegenwärtigen Saddam-Porträts ersetzt und bringen damit klar zum Ausdruck, dass die Polizei sich der Moschee gegenüber mehr zur Loyalität verpflichtet sieht als dem Staat. Steven Vincent hatte in seinem Artikel aber auch seinen Unmut darüber kundgetan, dass selbst die Engländer, die Basra kontrollieren und Truppen wie Polizei darauf vorbereiten sollen, sie in der Kontrolle des Territoriums abzulösen, angesichts der Geschehnisse ein Auge zudrücken. Und so konnte einer der Polizeiwagen am Abend des 1. August auch den freien amerikanischen Journalisten verschwinden lassen, der am Morgen darauf tot aufgefunden wurde. Die britischen Truppen mussten dann aber doch die Augen öffnen, als am 19. September 2005 irakische Polizisten zwei als Araber verkleidete britische Soldaten verhafteten und der Miliz von Muqtada auslieferten, der die Polizisten angehörten. Opfer der schiitischen Henker sind vor allem Sunniten, die auch von der Universität vertrieben werden. Viele haben ihre Häuser verkauft und siedeln nach Bagdad über, wo sie allerdings auch nicht sicher sind. Die schiitischen Todesschwadronen, die mit dem Innenminister Bajan Dschabr in Verbindung stehen, einem Führer der SCIRI und der al-Badr-Brigaden, werden des Mordes an zahlreichen sunnitischen Geistlichen beschuldigt. Anschuldigungen, denen sich auch der Premierminister al-Dschafari angenommen hat. In den letzten Monaten stieg die Zahl der Anzeigen wegen Misshandlungen und Mord an Sunniten durch die Sondereinheiten der Polizei, vor allem nach der Auffindung von elf Sunniten, die gefoltert und mit einem Genickschuss getötet worden waren. Die elf, einschließlich eines Imam, waren am 10. Juli 2005 bei Tagesanbruch während einer Polizeirazzia im Norden Bagdads verhaftet worden. »Das ist nicht das erste Mal, dass so etwas passiert, wir wollen die Verantwortlichen für diese Verbrechen finden«, hat Adnan al-Dulaimi, der Direktor der religiösen sunnitischen Waqf-Stiftung, gesagt und eine offizielle Untersuchung des Falles gefordert. Zur selben Zeit fiel ein vorwiegend aus Schiiten bestehendes Kommando in das Jarmuk-Krankenhaus in Bagdad ein und nahm 13 als Kämpfer angeklagte Sunniten fest. 16 Stunden später wurden die Leichen von zehn von ihnen vor dem Leichenschauhaus deponiert. Die Unglücklichen waren bei 50 Grad in einem gepanzerten Polizeiwagen eingesperrt worden und erstickt.

Die Polizei – die vorwiegend aus Kurden und Schiiten gebildet wurde – verhindert den Bürgerkrieg nicht, sie fördert ihn. Was als Schreckensvision für die Zeit nach dem Rückzug der ausländischen Truppen gehandelt wird, ist längst Realität und nimmt unter den abgelenkten Blicken der Ordnungskräfte weiter Gestalt an. Und so ist es auch für den amerikanischen Botschafter in Bagdad, Salmaj Khalilsad, der seit Mitte Juli Negroponte ersetzt, der dem Thema stets ausgewichen war, kein Tabu mehr, von Bürgerkrieg zu sprechen. Auch wenn der ehemalige Botschafter in Kabul immer wieder betont, die USA müssten alles daransetzen, einen Bürgerkrieg zu verhindern.

Der iranische Sieg

Der Erfolg der religiösen schiitischen Kräfte, die von Ajatollah Ali al-Sistani unterstützt werden, reicht über die Grenzen des Irak hinaus: Praktisch hat dieser Erfolg die Bedingungen für einen zweiten, mit dem iranischen Staat verbündeten Schiitenstaat geschaffen. Und selbst wenn das »iranische Modell« nicht den Widerstand der weltlichen Parteien wie auch der fundamentalistischeren Sunniten – die das schiitische Schisma als Verrat betrachten – besiegen sollte, so sind die Präsenz des Iran und sein politischer Einfluss längst Realität. Die Führer der SCIRI – die Brüder al-Hakim, von denen nur Abdelaziz überlebt hat, der charismatischere Mohammed Baqer wurde am 29. August 2003 bei einem Attentat in Nadschaf getötet – verbrachten die Jahre des Exils in Teheran als Gäste des iranischen Regimes. Die Wächter der Revolution waren es, die die al-Badr-Brigaden ausbildeten, den »bewaffneten Arm« der SCIRI, die

Saddam bekämpften und auch die Verhöre – und das dazugehörige Foltern – der Iraker übernahmen, die die Iraner während des Iran-Irak-Krieges gefangen genommen hatten. Wenn die Gefangenen Saddam nicht abschworen, beachtete die ihnen zugedachte Behandlung ganz sicher nicht die Genfer Konventionen, zeigten sie dagegen »Reue«, wurden sie direkt in die Brigaden einberufen. Viele der Gefangenen waren Schiiten, weil diese von Saddam als Kanonenfutter gegen die iranischen Schiiten benutzt worden waren. Die al-Badr-Brigaden umfassten etwa 10 000 Mann, als sie zusammen mit ihrem Führer nach dem Sturz Saddams in den Irak zurückkehrten. Theoretisch hätten sie unbewaffnet eintreffen sollen, doch dem war nicht so und ihre Zahl hat sich im Laufe der Monate vergrößert. Unter ihren Beratern sind immer Pasdaran, die von jenseits der Grenze kommen. Auch der radikalere Muqtada hat seine Inspiratoren in der heiligen iranischen Stadt Qom. Iraner sind auch die Freunde der Dawa, der ersten religiösen irakischen Partei, die 1957 gegründet wurde, um dem Einfluss der kommunistischen Partei entgegenzuwirken, die damals vor allem in der schiitischen Gemeinschaft zahlreiche Anhänger hatte.

Die Regierung in Bagdad beschränkt sich nicht darauf, sich vom »iranischen Modell« inspirieren zu lassen, sondern verteidigt auch die Interessen Teherans: Der Führer der SCIRI, Abdelaziz al-Hakim, hat die Zahlung in Höhe von Milliarden von Dollar als Kriegsentschädigung vorgeschlagen. Eine Entscheidung, die im Gegensatz zum Versuch Washingtons steht, Saddams Schulden streichen zu lassen. Zu den Projekten des irakischen Ölministers, Ibrahim Bahr al-Ulum (Schiit), gehört auch der Bau einer Pipeline, die Basra mit dem iranischen Hafen von Abadan verbindet. Aber das Überraschendste an den neuen Beziehungen zwischen dem Irak und Iran ist die Verhandlung über eine militärische Kooperation, in Teheran am 7. Juli 2005 von zwei Verteidigungsministern unterzeichnet, dem Iraker Saadoum al-Dulaimi und dem Iraner Mohammed Nadschdschar. Ein Abkommen, das auch die militärische Ausbildung umfasst. Vielleicht wird dieser Teil des Abkommens erst in der Zukunft realisiert werden. Denn es würde wirklich etwas seltsam anmuten, wenn amerikanisches und iranisches Militär Seite an Seite die irakischen Truppen ausbildeten, solange die USA den Iran wegen des Besitzes von Atomwaffen bedrohen. Vor allem wenn man bedenkt, welchen Posten der neue iranische Verteidigungsminister, Mohammed Nadschdschar, vorher innehatte, nämlich erster Kommandant der Wächter der Revolution in Nahost, dessen Aufgabe darin bestand, die islamische Revolution zu exportieren und die Aktivität iranfreundlicher Gruppen zu unterstützen. In seiner ersten Rede im Madschlis (dem Hohen Rat im iranischen Parlament) hatte er angekündigt, der »Produktion von funktionellen Instrumenten für den asymmetrischen Krieg« besondere Aufmerksamkeit zu widmen.

Eine Zusammenarbeit zwischen den beiden Ländern ist auf Ebene der Geheimdienste schon im Gange. Die iranischen Allianzen im Irak haben sich seit den Zeiten Saddams nicht auf die »natürlichere« mit den Schiiten beschränkt, sondern sind bis zur Patriotischen Union Kurdistans vorgedrungen. Der aktuelle Präsident Dschalal Talabani und seine Anhänger flüchteten sich auf der Flucht vor der Unterdrückung durch Saddam in den Iran. Nicht zufällig verkündete bei der Einweihung des kurdischen Parlaments ein Mann des iranischen Geheimdienstes: »Die Männer, die wir unterstützt haben, sind nun an der Macht.«

Doch warum hat Bush ausgerechnet die Machtergreifung der Freunde Teherans begünstigt? Ein weiterer Fehler in der Kalkulation? Reine Kurzsichtigkeit? »Amerika heute will nach dem Scheitern seines Unternehmens im Irak sofortige Erfolge verzeichnen, um Bush und seine Regierung zu stärken. Bush interessiert nicht, was hinterher geschehen wird, wenn er erst einmal das Weiße Haus verlassen hat«, behauptet Scheich Hareth al-Dhari von der Vereinigung der Ulemas. Und fügt hinzu: »Bush und seine Männer nehmen keine Rücksicht auf die Interessen der amerikanischen Bevölkerung. Sonst hätten sie ihrem Volk das Fehlschlagen ihres Wagnisses erklärt und die Streitkräfte aus dem Land abgezogen« (aus einem Interview im al-Majid-TV). Mit Sicherheit kümmert Bush sich nicht um die Interessen der Vereinigten Staaten, geschweige denn um die der Iraker. - Mit den schweren Schäden, die die Besatzung hervorgerufen hat, und den Versuchen einer ethnisch-konfessionellen Teilung des Irak, ist er am Rand des Abgrunds der Libanisierung angekommen. In dieser Situation kann ein Zwischenfall genügen – 1975 in Beirut war es der Angriff der Falangisten auf einen Bus und das Massaker an 27 Palästinensern –, um die Situation eskalieren zu lassen. Und im Irak fehlt es nicht an Zwischenfällen, weitaus schlimmeren sogar, wie dem in der Khadhimija-Moschee. Und doch, auch heute noch, wenn man in Bagdad jemanden fragt, ob er Schiit oder Sunnit ist, antwortet er voller Stolz: »Ich bin Iraker.« Wie lange noch?

9. Der Unfall

Unterschiedlichste Gefühle stürmen auf mich ein, es gelingt mir noch nicht, mich frei zu fühlen, die Anspannung, die Nervosität meiner »Befreier« steckt mich an: Noch sind wir nicht in Sicherheit, wir müssen es bis zum Flughafen schaffen. Ich kann die Angst einfach nicht überwinden, die sich in einem Monat der Gefangenschaft und während des Wartens kurz vorher angestaut hat. Nicola Calipari, der sich im Wagen neben mich auf die Rückbank gesetzt hat, damit ich mich sicherer fühle, versucht mich zu beruhigen. Er hat mich die Augenbinde abnehmen lassen und auch den Schal, den ich um den Kopf trug und immer als bedrückend empfunden habe. »Jetzt bist du frei«, sagt er mir immer wieder, offenbar spürt er, dass es mir schwer fällt, mir dessen bewusst zu werden. Dann ruft er seinen Chef an, den Leiter des SISMI, General Pollari. Ich kann nichts anderes sagen als »danke«. Ich fühle mich gut, aber wie in so manchen Momenten meiner Gefangenschaft habe ich das Gefühl, nicht in mir drin zu sein, es ist, als würde ich es noch nicht schaffen, die Füße auf den Boden zu stellen. Nicola versucht, eine Verbindung nach Italien zu bekommen, damit ich mit Pier oder mit Gabriele sprechen kann, vielleicht sind sie in diesem Moment schon im Palazzo Chigi eingetroffen … Aber es gelingt ihm nicht, weshalb er das Handy auf den Beifahrersitz wirft, während der Fahrer, seit wir losgefahren sind, telefoniert und zu irgendjemandem sagt, dass wir den Flughafen in Kürze erreichen und dass wir »zu dritt« sind. Und während mir ganz allmählich dämmert, dass ich keine Gefangene mehr bin – der Agent hinter dem Steuer, der Bagdad gut kennt, sagt, dass es nur noch 700 Meter bis zum Flughafen sind –, werde ich urplötzlich aus meinen Gedanken gerissen, weil Schüsse fallen. »Sie greifen uns an, sie greifen uns an!«, schreit der Agent, dessen Namen ich noch nicht einmal kenne. Aber wer greift uns an? Wer kann das sein?, frage ich mich. Die Entführer haben wir vor etwa 20 Minuten zurückgelassen und sie können uns nicht gefolgt sein, sie würden nie in diese von den Amerikanern kontrollierte Zone gelangen. Und dass ausgerechnet die Amerikaner auf uns schießen, halte ich ebenfalls für unwahrscheinlich. Sie sind doch sicher über unsere Ankunft informiert worden, denke ich. Wenige Tage später wusste ich es besser: Doch, es waren ausgerechnet sie. Das ist das berühmte »Friendly Fire«, dessen Auswirkungen nicht weniger verheerend sind als die des feindlichen Feuers. Während der Fahrer, der mit General Pollari telefoniert, immer wieder brüllt, dass wir von der italienischen Botschaft sind, stößt Calipari mich nach unten, so dass ich eingezwängt zwischen dem Fahrersitz und meinem lande, und schützt mich mit seinem Körper. Die Schüsse kommen in der Tat von rechts, wo er sitzt, zusammen mit einem Lichtstrahl. Calipari muss sofort getroffen worden sein, denn er sagt nichts mehr, nicht ein Wort. Andrea Carpani – das ist der Name des Fahrers, den ich erst nach meiner Rückkehr nach Italien erfahren sollte – brüllt und Nicola schweigt. Ich bin von Panik erfasst, während der Wagen mit Kugeln beschossen wird.

Und wahrscheinlich ist es meine Panik, die mir das Gefühl gibt, dass es mehr Kugeln sind, als es in Wirklichkeit waren.

Als die Schüsse aufhören, steigt der Agent hinter dem Steuer aus, telefoniert immer noch und brüllt: »Wir sind von der italienischen Botschaft!«, während sich ihm einige Soldaten nähern und ihn umzingeln. Ich kann mich nicht bewegen, ich bin wie gelähmt, auch vor Angst: Warum sagt Nicola nichts? Ich wage nicht, mir vorzustellen, was passiert ist. Aber sein Körper lastet immer schwerer auf mir, und als es mir gelingt, ihn zu bewegen, höre ich ein Röcheln. Er stirbt, er ist tot! Nein! Der Mann, der mich befreit hat, ist tot und er ist gestorben, um mich zu beschützen. Es ist, als wäre meine Freiheit in dem Moment, in dem sie gerade beginnen sollte, bereits wieder zu Ende. All meine Empfindungen setzten in diesem Moment regelrecht aus. Es ist ein furchtbares Gefühl zu spüren, wie ein Mensch auf einem stirbt, es ist, als würde ein Teil von einem selbst sterben. Und in der Tat, nach diesem Kugelhagel weiß ich immer noch nicht, ob ich lebe und nur glaube, ich wäre tot, oder ob ich schon tot bin und glaube, ich lebe noch.

Die Soldaten, die auf uns geschossen haben, kommen zu uns herüber: Sie öffnen die Tür auf Nicolas Seite, heben seinen Kopf. »Shit!«, sagt einer von ihnen. Sie wirken überrascht, aber nicht erschrocken. Sie sind jung. Aber sie waren nicht so unerfahren, wie später aus den Ermittlungen hervorgehen sollte, sie sind fast alle Unterführer, darunter zwei Spezialisten, eine ungewöhnliche Zusammenstellung für eine solche Patrouille.

Nachdem sie sich vergewissert haben, dass Calipari tot ist, kommen sie auf meine Seite, um mich herauszuziehen, allein kann ich mich nicht bewegen. Nun bemerke ich auch, dass ich verletzt bin, ich fühle Blut an mir herunterlaufen, aber ich habe noch nicht einmal die Kugel gespürt, die meine linke Schulter durchschossen hat. Dabei war sie groß, Kaliber 7,62 Millimeter (nach dem Bericht der Militärkommission), und abgesehen davon, dass sie mir ein Stück Muskel (den Deltamuskel) weggerissen und ein Loch von vier Zentimetern Durchmesser hinterlassen hat, ist beim Durchschuss auch der Oberarmkopf gesplittert. Die Soldaten ziehen mich hinaus, legen mich auf den Boden, auf das Straßenpflaster. Sie fangen an, alles zu zerschneiden, was ich trage – Mantel, Fleecepullover, Bluse –, um die Wunde zu bedecken. Mindestens eine Viertelstunde bleibe ich mit nacktem Oberkörper liegen, bis ein Fahrzeug kommt, um mich ins Krankenhaus zu bringen. In einiger Entfernung beschimpft Carpani die Soldaten, die ihn mit angelegten Waffen umzingelt haben. Auf der Erde liegend, sehe ich (vielleicht 10, 20 Meter weiter auf der Wiese neben der Straße) das Militärfahrzeug, einen Humvee, aus dem sie uns beschossen haben. Ein Soldat nähert sich mir, eine Infusionsnadel in der Hand, die er erfolglos in eine Vene meines rechten Arms, den einzig brauchbaren, einzuführen versucht. Nachdem er mehrere Venen beschädigt hat, so dass meine Hand und ein Teil meines Arms tagelang mit Hämatomen übersät sind, gibt er auf. (»Die Nadel war zu dick«, werde ich später in dem Bericht lesen.) Plötzlich bekomme ich schrecklichen Durst, bitte um Wasser. Sie sagen mir, ich solle warten, ich würde jeden Moment ins Krankenhaus gebracht. Ich kann nicht warten, ich kriege keine Luft, ich spüre, wie meine Kehle sich verschließt, ich ersticke. Eine Wasserflasche kommt, sie geben mir einen Schluck, aber es reicht nicht, damit ich wieder Luft kriege. Ich höre, dass in einiger Entfernung Andrea Carpani herauszufinden sucht, wie es mir geht, aber ich kann ihm keine Zeichen geben. Er beruhigt sich, als er sieht, dass ich aufstehe, um in das Fahrzeug zu steigen, das mich ins Krankenhaus bringen soll, dasselbe, aus dem man auf mich geschossen hat. Auch er wird ins Krankenhaus gehen – er ist am Arm verletzt –, aber ich werde ihn nicht treffen. Es dauert nicht lange – 15 Minuten, sagen sie mir – bis zum Krankenhaus, auch wenn das Fahrzeug, in dem ich transportiert werde, mit nur zehn Stundenkilometern dahinschleicht.

Wir sind nicht weit von der internationalen Zone entfernt, und als ich ins amerikanische Militärkrankenhaus komme, habe ich das Gefühl, auf dem Set einer Folge von *Emergency Room* gelandet zu sein. Es ist nicht das erste Mal, dass ich mich im Irak mit einer Realität konfrontiert sehe, die der Fiktion in nichts nachsteht, nur ist sie für mich die weitaus dramatischere. Ich verlange sofort, den italienischen Botschafter anrufen zu dürfen, der im Übrigen in der Grünen Zone wohnt und nicht lange braucht, um vor Ort zu sein. Unterdessen fällt eine Gruppe von Ärzten und Schwestern über mich her, die von allen Seiten an mir zerren. Eine Krankenschwester nimmt mir die Kette ab, die meine Entführer mir geschenkt haben, dann versorgen sie mich mit Sauerstoff und beginnen schließlich mit ihren üblichen Untersuchungen. Auf einer Röntgenaufnahme kann man sofort erkennen, dass der linke Lungenflügel eingefallen ist. Zwei Splitter haben das Brustfell verletzt und die Lunge ist kollabiert. Deshalb kann ich nicht atmen! Sie überhäufen mich mit Fragen, und da der Akzent einiger von ihnen für mich sehr schwierig zu verstehen ist, antworte ich nicht sofort. Also schicken sie mir einen Arzt, der Serbokroatisch spricht! Dann wird ihnen klar, dass sie einfach nur etwas langsamer sprechen müssen, damit ich sie verstehen kann, immerhin stehe ich unter Schock. Sie vergewissern sich, dass es keine Indikationen gegen eine Vollnarkose gibt. Zuvor aber kann ich den Botschafter Gianludovico De Martino sehen, der mich auch mit Gianni Letta, Untersekretär des Ministerrates, telefonieren lässt. Als sie mich dann in den Operationssaal schieben, nähert sich jemand von hinten – ich kann ihm nicht ins Gesicht sehen – und fragt mich, ob ich die Journalistin bin, die entführt worden ist. Die Frage ist nicht gerade beruhigend, bisher hatten sie mich nur nach meinem Namen und meiner Nationalität gefragt, obwohl sie offensichtlich wussten, wer ich war. Jetzt bin ich ihnen ausgeliefert und kann mich nicht verstecken. Im Grunde sind sie »Verbündete« der Italiener, doch diese Tatsache beruhigt mich keineswegs, nach dem, was vorgefallen ist. Ich habe keine Wahl, auch der chirurgische Eingriff ist unvermeidlich, damit ich abreisen kann.

In einem Aufwachraum erwache ich aus der Narkose: Ich befinde mich in einem Sitzbett und so werde ich fast einen Monat lang schlafen müssen, wegen der Drainage, die die Flüssigkeit aus der Lunge zieht. Um mich herum Tropfe: einer mit Antibiotikum, ein anderer gegen die Entzündung durch die Kugel – das ist die größte Gefahr, werden mir später die Ärzte in Italien sagen –, dann Morphin, einer für die Hydration und weiß der Himmel was noch, alle laufen in einer Art Ventil zusammen, das direkt mit der Aorta verbunden ist. Ein anderes Ventil steckt dagegen im Oberschenkel, für alle Fälle. Wenn ein Fläschchen mit Flüssigkeit leer ist, setzt sofort ein Pfeifen ein, das unerträglich wird, wenn nicht sofort die diensthabende Schwester kommt, um es auszuwechseln. Ich kann mich nicht bewegen, der linke Arm ist wegen der Fraktur des Oberarmkopfes in einer Stützvorrichtung gefangen, dazu der Sauerstoff, die Infusionen etc.

Sie haben mir gesagt, dass sie mich um fünf Uhr morgens holen kommen, aber die Stunden dehnen sich endlos in dieser unbequemen Haltung und mit den Schmerzen überall. Ich habe kein Zeitgefühl, nicht einmal eine Uhr. Daran müsste ich mich längst gewöhnt haben. Irgendwann höre ich Aufregung draußen. Als Erstes kommt der Botschafter mit ein paar Agenten, er sagt mir, dass Pier am Flughafen ist. Ich kann mir nicht vorstellen, dass er bis nach Bagdad gekommen ist – er wird am Flughafen in Rom sein, denke ich –, und so bin ich wirklich überrascht, als ich mit den anderen Agenten, die mich nach Italien zurückbringen sollen, am Flughafen ankomme. Endlich eine schöne Überraschung! Auch wenn ich in diesem Zustand nicht in der Lage bin, meine Freude zu zeigen.

Die Vorbereitungen für meine Abreise sind langwierig: In Anbetracht meines ernsten Zustandes war bereits ein amerikanischer Arzt abgestellt, um mich zu begleiten – und wenn ich ihn recht verstanden habe, hätte er nichts dagegen gehabt, einen Abstecher nach Italien zu machen und diesen Alptraum Bagdad für eine Weile hinter sich zu lassen –, aber die Mannschaft, die aus Italien gekommen ist, hat einen eigenen Arzt dabei, der Amerikaner muss seine Dienstreise also verschieben. Schließlich ist alles bereit, es ist halb sechs, ich muss nur die Empfangsbestätigung unterschreiben, um die wenigen persönlichen Dinge zurückzubekommen, die ich im Moment der Schießerei bei mir hatte und die von den Soldaten eingesammelt wurden, ausgenommen die Goldkette, die man mir am Abend vorher abgenommen und nicht mehr wiedergefunden hat. Ich sage ihnen, dass sie suchen sollen, warum sollte ich sie den Amerikanern überlassen? Mehr als alles andere geht es mir dabei ums Prinzip. Irgendwann ist mir, als hätte ich eine Stimme gehört, die gesagt hat, die Kette sei gefunden, doch auf der Liste steht sie nicht und sie ist auch nicht in dem Plastiksack – einem von diesen schwarzen Müllsäcken –, in den sie alles achtlos hineingeworfen haben: Handtasche, Hose, Schuhe, das rote Etui mit dem Herzchen, in dem die Kette war, und so weiter. Auch der Schal fehlt, der für mich beinah so etwas geworden ist wie für Linus die Schmusedecke. Um den tut es mir wirklich leid. Die verloren geglaubte Kette jedoch fand ich später dank einer »Eingebung« zu Hause in den Schuhen, die ich seit meiner Verletzung nicht mehr getragen hatte.

Dann der Transfer im Hubschrauber zum Flughafen, um sieben Uhr Abflug. Diesmal entfernt Bagdad sich wirklich, auch wenn ich mich noch nicht einmal aufrichten kann, um aus dem Fenster zu sehen. Ich bin im hinteren Bereich untergebracht, eingesperrt von dem Drainageapparat, und jede Kurve verursacht mir Brechreiz. Wenigstens bin ich an die sehr speziellen Landungen und Starts von Bagdad gewöhnt, die Angriffe vermeiden sollen. Man kommt in großer Höhe über der Stadt an und geht dann blitzschnell spiralförmig runter. Auch beim Start muss man sehr schnell an Höhe gewinnen. Angesichts meiner Verfassung aber können wir nicht allzu hoch fliegen und wir brauchen fünfeinhalb Stunden bis Rom, zwei Stunden länger, als ich auf dem Hinweg gebraucht habe. In Rom verlasse ich das Flugzeug erschöpft, aber froh, endlich zu Hause zu sein, auch wenn ich erst nach drei Wochen im Militärkrankenhaus Celio wirklich nach Hause konnte. Das Celio war für mich eine Neuheit. Zuerst hatten sie mir gesagt, dass sie mich ins Gemelli-Krankenhaus brächten, doch bei dem gleichzeitigen Aufenthalt des Papstes wäre das Krankenhaus unter dem

Medienaufkommen sicherlich erdrückt worden. Vom Celio hatte ich bisher nur von Freunden gehört, die vor vielen Jahren während ihres Militärdienstes dorthin gekommen waren, und sie hatten es in keiner guten Erinnerung behalten. Vor allem aber schien mir ein Militärkrankenhaus ziemlich unpassend für eine Pazifistin. Auch wenn ich dachte, dass eine solche Klinik bestimmt am besten für die Behandlung einer Verletzung durch eine Feuerwaffe ausgestattet war. Ich sollte meine Meinung über das Militärkrankenhaus ändern: Das Celio war eine weitere der zwar unfreiwilligen, aber positiven Entdeckungen, die ich aufgrund meines Unglücks machen sollte. Nicht nur wegen seiner Effizienz und der Professionalität des medizinischen Personals, sondern auch wegen der Menschlichkeit und Solidarität, die mir dort zuteil wurden, und wegen des Schutzes vor der Presse und dem übermäßigen Andrang von Freunden und Bekannten, die ich gern begrüßt hätte, wenn ich in der Lage dazu gewesen wäre.

Die Ankunft in Italien ist auf schmerzvolle Weise von Caliparis Tod überschattet. Ein Mensch, den ich nur 20 Minuten gekannt habe, aber der mir gleich außergewöhnlich erschien. Die Bestätigung dafür sollte ich in Italien bekommen, in erster Linie von Gabriele und Pier, die ihn während meiner Entführung kennen gelernt hatten, und von seiner Frau Rosa, seinen Arbeitskollegen, aber auch von denen, die ihn schon vorher gekannt hatten, vor allem aus Zeiten, als er noch in der Immigrationsbehörde gearbeitet hatte. In Italien wurde er sofort als ein nationaler »Held« gefeiert und das nicht nur von den Behörden, sondern auch vom Volk. Auch wenn ich das Wort »Staatsdiener« nach wie vor nicht mag, habe ich seit Calipari und seinen Kollegen ein völlig neues Bild von jenen, die sich als solche fühlen. Wie auch immer, ein Mensch wie Calipari darf nicht ungestraft sterben, ohne dass man alle Hebel in Bewegung setzt, um die Wahrheit über das zu herauszufinden, was an diesem Abend des 4. März in Bagdad geschehen ist, wie auch der Präsident der Republik, Carlo Azeglio Ciampi, gefordert hat. Das ist vor allem Aufgabe der Regierung und der Behörden, die ihn als »Helden« gefeiert haben und über die Macht verfügen, bei den amerikanischen Behörden die beantragte Rechtshilfe auch einzufordern. Es wird nicht leicht sein, denn die Amerikaner werden die Wahrheit leugnen, die Einzigen, die genau wissen, was passiert ist.

Wie zu erwarten, wurde die Untersuchung durch das amerikanische Militär seitens der USA damit abgeschlossen, dass man den Soldaten, die geschossen haben, völlige Absolution erteilte und den »Fall Calipari« zu den Akten legte. Die Version der US-Soldaten lautet, dass das Fahrzeug, in dem wir fuhren, zu schnell gewesen sei (70 bis 80 Stundenkilometer), auf wiederholte Signale – Rufe, Lichtsignale, Warnschüsse – nicht angehalten habe, weshalb sie gezwungen gewesen seien zu schießen, um den Wagen zum Anhalten zu zwingen. Die Version der beiden italienischen Zeugen – Agent Carpani und ich, die im Wesentlichen übereinstimmt, auch wenn wir nie miteinander gesprochen haben – behauptet im Gegenteil, dass der Wagen alles andere als schnell gefahren sei (höchstens 40 bis 50 Stundenkilometer), es keinerlei Aufforderung gegeben habe, stehen zu bleiben, dass die Lichtsignale nach den Schüssen kamen und unser Wagen von rechts und auf Höhe der Passagiere getroffen worden sei und nicht der Motor – wo nur eine Kugel eingeschlagen hat – oder die Reifen, um uns anzuhalten.

Diese Version wurde auch von der italienischen Regierung unterstützt, genauer gesagt von Außenminister Gianfranco Fini. Die Haltung der italienischen Regierung zwang die Amerikaner, die den Fall bereits als banalen »Unfall« abgetan hatten, eine militärische Untersuchungskommission zu ernennen, die – eine Besonderheit – auch zwei italienische Vertreter einschloss, den diplomatischen Rat des Palazzo Chigi, Botschafter Cesare Ragaglini, und den General des SISMI, Pierluigi Campregher. Allerdings wurden beide zu bloßen Zuschauern degradiert, indem sie nicht einmal direkt in die Verhöre eingreifen durften. Zudem waren, als die beiden Italiener in Bagdad ankamen (am 12. März), alle Spuren der Schießerei vor Ort bereits verwischt worden: Der Wagen war entfernt worden, ebenso die Kugeln, die, wie die Amerikaner sagten, die Reifen der Militärfahrzeuge hätten beschädigen können! Ich bin zweimal befragt worden, von der von General Peter Vangjel geleiteten Kommission – einmal schriftlich und einmal in einer Telefonkonferenz von Bagdad aus –, ohne dass meine Aussage in irgendeiner Weise berücksichtigt worden wäre. Was dem General Sorgen zu machen schien, war lediglich die Übereinstimmung meiner Aussage mit der des Agenten vom SISMI. Wahrscheinlich ist das der Grund, weshalb im amerikanischen Bericht nur die Aussage des Agenten zitiert wird, die nicht ignoriert werden konnte. Die am 8. März ernannte Kommission schloss die Arbeit mit einem Bericht ab, der am 30. April 2005 bekannt gegeben wurde. Dieser wurde jedoch von den beiden italienischen Vertretern nicht akzeptiert, sie hatten ihrerseits einen komplett anderen Bericht aufgesetzt. De facto bestätigen die Amerikaner ihre Version – trotz der oft widersprüchlichen Aussagen der Soldaten, die zu der mobilen Sperre gehörten —, die den nach der amerikanischen Version einzigen Soldaten, der geschossen haben soll, entlastet. Also alles ordnungsgemäß. Wieder einmal ist die Straffreiheit der amerikanischen Soldaten gerettet. Die Haltung wird voller Arroganz mit dem Umstand gerechtfertigt, dass man sich im Irak in einem Krieg befinde. Von dem Bush an Bord des Flugzeugträgers Lincoln behauptet hatte, er wäre seit dem ersten Mai 2003 zu Ende!

Abgesehen von den Aussagen der Soldaten, die behaupten, sie hätten ihre Gegenwart deutlich gemacht und uns mit sichtbaren Zeichen oder Schüssen in die Luft aufgefordert, stehen zu bleiben – was schlichtweg gelogen ist –, ist eine Tatsache, die aus beiden Berichten, dem amerikanischen wie italienischen, hervorgeht, besonders beunruhigend: Der Kommandant der mobilen Patrouille, Captain Drew, fragt das TOC (Tactical Operation Centre) des Infanteriebataillons ab kurz vor acht in Intervallen von wenigen Minuten wiederholt, ob er die Sperre 541 aufheben könne. »Der kommandierende Hauptmann der Kompanie hat erklärt, er sei besorgt, weil er seine Soldaten, wenn er sie länger als 15 Minuten in einer statischen Position ließe, möglichen Angriffen aussetze«, liest man in den Berichten (dem amerikanischen und dem italienischen). Doch jedes Mal wird ihm gesagt, dass er die Stellung halten soll, bis ihm bei seinem letzten Anruf, dem siebten in etwa einer halben Stunde, um 20.30 Uhr sogar geantwortet wird: »Die Division C hat angeordnet, die Sperren nicht zu verlassen, der Konvoi wird in etwa 20 Minuten die Route Irish passieren.« Der Konvoi, auf den man sich bezieht, ist – wie man nach der Entdeckung der mit geschwärzten Textstellen versehenen Dokumente erfährt – der von Negroponte.

Der ehemalige amerikanische Botschafter in Bagdad bewegte sich in der Regel nur im Hubschrauber, er hatte sogar Angst, auch nur einen Fuß vor seinen Palast, der einst Saddam gehört hatte, zu setzen, selbst wenn es bloß darum ging, ein Foto zu machen, wie mir ein befreundeter Fotograf erzählt hatte. Doch an jenem Abend konnte er wegen des schlechten Wetters den Hubschrauber nicht benutzen, also beschloss er, über Land zu einem Abendessen im Camp Victory zu fahren, wozu er für eine gewisse Zeit auch die Straße sperren ließ, über die wir fahren sollten. Aber bei unserer Ankunft war die Sperre bereits aufgehoben, denn Negroponte hatte sein Ziel schon erreicht. »Der VIP-Konvoi mit vier Humvees verließ um etwa 19.45 Uhr die internationale Zone. Um 20.10 Uhr passierte er die Einfahrt zu Camp Victory. Der Konvoi erreichte sein Ziel in Camp Victory um 20.20 Uhr«, kann man im Bericht der USA lesen. Später würde er im Hubschrauber zurückkehren, da es nicht mehr regnete. Alle diese Informationen waren von Negropontes Eskorte übermittelt worden. Aber »es gibt keine Beweise, die darauf hindeuten, dass das Artilleriebataillon die Informationen bezüglich der Abfahrts- und Abkunftszeiten des VIP an andere Einheiten weitergegeben hat«, hebt der italienische Bericht hervor. Außerdem hatte der Agent, der unseren Wagen fuhr, um 20.30 Uhr bereits den italienischen Verbindungsoffizier, General Mario Marioli, Vizekommandant des multinationalen Armeekorps, der in ständigem Kontakt mit seinem amerikanischen Vize Captain Green stand, informiert, dass wir fast da seien und, welch ein Zufall, ausgerechnet »etwa 20 Minuten« nach dem letzten Gespräch mit Captain Drew ankämen. Warum? Ist es möglich, dass der Divisionsführer nicht wusste, dass Negroponte bereits sein Ziel erreicht hatte? Falls man ihm gesagt hatte, Negroponte würde um 20.50 Uhr über die Irish Route fahren, war dies eine Falschinformation. Warum also informierte man den Hauptmann der mobilen Patrouille absichtlich falsch? Was kann der Zweck dieser Falschinformation gewesen sein? Wenn sie nicht dazu diente, gezielt irgendetwas zu vertuschen, wovon wir nichts wussten und wahrscheinlich auch nie wissen werden, so hat diese falsche Information zumindest dazu gedient, eine Atmosphäre zu schaffen, in der der »Unfall« beinah unvermeidlich war. Denn die Soldaten, die seit geraumer Zeit schon unter Stress standen, erwarteten in genau diesem Moment den Konvoi von Negroponte und stattdessen kommt ein irakischer Wagen auf sie zugefahren. Also haben sie nicht zweimal überlegt, ehe sie geschossen haben, ohne Warnung und Überprüfung, wie sie es immer tun.

Von diesen »mobilen Straßensperren« sind nicht einmal die Einsatzregeln bekannt, weil es sich nicht um geregelte »Missionen« handelt und es somit keine »schriftliche Anordnung« gibt. Folglich sind die Modalitäten in der Ausführung den jeweiligen Abteilungen überlassen. In den Einsatzzentralen haben die Ermittler keinerlei Aufzeichnungen der Vorkommisse gefunden – sie werden am Ende der Schicht vernichtet! Totale Illegalität. Übrigens werden diese Straßensperren von den Westlern im Jargon »illegal checkpoints« genannt, eben weil sie nicht gekennzeichnet werden und man ihre Einsatzregeln nicht kennt. Die vom verantwortlichen US-Offizier vorgebrachte Rechtfertigung für die fehlende Kennzeichnung dieses BP 541 ist ziemlich rührend: Die Insassen des Fahrzeugs hätten eventuelle Schilder ohnehin nicht verstanden, da die Aufschrift in Arabisch und Englisch sei (von der Sorte: »Stop«, »Slow down« und »Danger«). Außerdem seien die Schilder jener Einheit nicht verfügbar gewesen, »seit einigen Wochen waren sie bei ›Technikern‹, die mit Klebeband einige Teile/Sätze abkleben sollten, die man für beleidigend für die Zivilbevölkerung hielt« (!). Im Übrigen hatte der Vizekommandant auf die gezielte Frage, wie er die Sicherheit der Zivilbevölkerung einschätze, geantwortet: »Alles ist gefährlich im Irak.«

Auf solche Weise werden jeden Tag Iraker in Bagdad getötet, ohne dass ihr Tod auch nur eine Nachricht wert ist, wie die Opfer der Autobomben.

Der fehlende Respekt der Zivilbevölkerung vor diesen »illegalen« Kontrollsperren, der in dem Bericht der beiden italienischen Mitglieder der US-Militärkommission hervorgehoben wird, steht in krassem Gegensatz zu dem amerikanischen Beschwichtigungsversuch, demzufolge jede Gewaltaktion gerechtfertigt sei, weil im Irak Kriegszustand herrsche. Und dieser Kriegszustand, den zwei Vertreter der italienischen Regierung bezeugen, macht die Unverhältnismäßigkeit der italienischen Präsenz im Irak deutlich, die als »Friedensmission« ausgegeben wird. Wenn der Bericht wirklich von der italienischen Regierung aufgesetzt worden ist, müsste die logische Konsequenz der Abzug der Truppen sein. Was noch nicht einmal in Betracht gezogen wurde. Im Gegenteil, die italienische Regierung hat ihr Bündnis mit Bush bekräftigt, obwohl der den Fall Calipari abgeschlossen hat, während der italienische Bericht ihn hauptsächlich auf Grundlage der italienischen Zeugenaussagen (Carpanis und meine) wieder aufrollt.

Das Wort hat nun also die italienische Staatsanwaltschaft, der es, beinah zwei Monate nach dem Unfall, endlich gelungen ist, den Toyota Corolla aufzutreiben, in dem wir fuhren, als auf uns geschossen wurde, um ihn untersuchen zu können. Der Wagen kam am 27. April in Italien an, als bereits Gerüchte über den Bericht der Militäruntersuchungskommission der USA kursierten. Aus den ersten Hinweisen der Sachverständigen, die den Wagen untersucht hatten, ging hervor, dass nicht nur ein Soldat geschossen hatte. Und das allein müsste schon den amerikanischen Bericht demontieren. Wie auch immer, auch wenn man die Namen der Soldaten kennt, die zu der mobilen Patrouille gehörten – dank der Entschlüsselung der geschwärzten Stellen in den Berichten —, wird Italien nie gegen amerikanische Soldaten vorgehen können, da sie während ihrer Auslandsoperationen Straffreiheit genießen. Dank internationaler Abkommen können amerikanische Soldaten nur der Gerichtsbarkeit der Vereinigten Staaten übergeben werden. Und von der Kommission Vangjel wurden sie bereits freigesprochen.

Wie weit kann und will die italienische Staatsanwaltschaft gehen? Vieles wird wohl vom Willen der Politik abhängen. Vorläufer wie der Fall Cermis lassen nicht viel Optimismus zu. Auch weil die Zeit drängt und die italienische Untersuchung bis Ende März abgeschlossen sein soll. Aber »man kann keinen Frieden finden ohne Gerechtigkeit«, wie Rosa Calipari schreibt (*Nicola Calipari, Getötet vom Friendly Fire,* »Unità«).

10. Italien

Kurz nachdem ich gekidnappt worden war und die mit ungewohnter Geschwindigkeit ausgestrahlte Nachricht von meiner Entführung im irakischen Fernsehen gesehen hatte, habe ich mich gefragt, wie Pier und meine Eltern es wohl erfahren und wie sie es aufnehmen würden. Mit Sicherheit hatte die ANSA, die italienische Presseagentur, die Nachricht sofort weitergeleitet, immerhin hätte ich mich ja mit dem Berichterstatter der Agentur und mit ein paar anderen Kollegen zum Mittagessen treffen sollen. Als der Sender Irakja die Nachricht brachte, zeigte er auch gleich ein paar Bilder von mir. Bei meiner Zeitung, »il manifesto«, ist die Nachricht wahrscheinlich beinah zeitgleich eingetroffen, kurz vor der Redaktionssitzung. Auf viele Fragen sollte ich erst nach meiner Rückkehr eine Antwort erhalten. So auch auf diese. Der erste Kollege, der das Telegramm der Agentur an die Zeitung las, war so schockiert, dass er es den anderen erst einmal gar nicht erzählen konnte. Pier erreichte die Nachricht, als er in seinem Büro bei einem Freund arbeitete, der die 12-Uhr-Nachrichten gesehen hatte. Die Bestätigung hatte er dann von meinen Kollegen bei der Zeitung bekommen und nun fiel ihm die undankbare Aufgabe zu, es meiner Mutter zu erzählen, die es wiederum den anderen sagen musste. Oft habe ich mir während meiner Gefangenschaft die möglichen Reaktionen in Italien vorzustellen versucht: die von Pier, die von meiner Familie, von Kollegen, Freunden und der Öffentlichkeit. Doch bei aller Phantasie hätte ich mir nicht vorstellen können, was außerhalb meines Gefängnisses tatsächlich im Gange war, und nicht nur in Italien, sondern in der ganzen Welt. Wie ein Puzzle habe ich die einzelnen Bruchstücke in den letzten Monaten zusammengesetzt, anhand von Gesprächen, Bildern, Schriftstücken, vor allem aber, indem ich mit Pier über alles sprach.

Pier hat den besagten Freitag, den 4. Februar, so in Erinnerung:

»In diesem Moment begann der Film, vor dem ich mich die ganze Zeit so sehr gefürchtet hatte. Vorgestellt hatte ich mir ihn schon vorher, vielleicht um das Unheil zu bannen. Natürlich war ich mir immer bewusst, dass das geschehen konnte. Jedes Mal wenn du auf eine Reise gingst, dachte ich unweigerlich daran. Beim letzten Mal war dieses Gefühl stärker gewesen, wahrscheinlich kommt es mir jedoch nur im Nachhinein so vor. Vielleicht lag es auch einfach daran, dass es schon drei-, viermal gut gegangen war (in Somalia, Afghanistan, Irak), dass in mir die Vorahnung erwachte, früher oder später würde etwas passieren. Und gleich nachdem ich es erfahren hatte, war mein erster Gedanke: Wen informiere ich und wie? Ich habe meine und deine Eltern angerufen, damit sie es nicht aus den 1-Uhr-Nachrichten erfahren mussten. Dann ging es los mit den endlosen Interviews, in denen ich davon erzählt habe, wer du bist. »il manifesto« berief eine Pressekonferenz ein, alle fragten nach Fotos von dir. Am Tag darauf bin ich zum Kongress der DS, der linksdemokratischen Partei, gegangen, um an einer Debatte teilzunehmen, aber vor allem wollte ich die Vorsitzenden der DS nach ihrer Meinung fragen und sie um Tipps bitten, an wen ich mich wenden, wem ich mich anvertrauen könne. Die ersten Kontakte zu Gianni Letta und dem SISMI haben Valentino Parlato und Gabriele Polo hergestellt. Ich selbst traf sie erst später, als die Verhandlungen bereits im Gange waren. Und ab Samstag dann haben wir uns Tag für Tag bei der Zeitung getroffen, um die Nachrichten und Informationen, die aus dem Irak kamen, zu diskutieren und einzuschätzen und um zu entscheiden, welche Initiativen wir ergreifen sollten. Abends warteten wir auf den Anruf aus dem Palazzo Chigi, der manchmal ein schlichter Gutenachtwunsch war, manchmal aber auch die Aufforderung rüberzukommen, wenn es Neuigkeiten gab oder Dinge, über die wir diskutieren mussten. Tagsüber galt es, den Anfragen der Medien aus der ganzen Welt nachzukommen, die uns um Neuigkeiten oder Interviews baten, oder Vertreter der Politik und von Institutionen jeder politischen Ausrichtung zu empfangen. Dabei handelte es sich nicht nur um Gesten der Höflichkeit, sondern um echte Solidaritätsbezeugungen, die von der allgemeinen Überzeugung bestimmt waren, alles in ihrer Macht Stehende unternehmen zu müssen, um deine Freilassung zu erwirken, nicht eine einzige Möglichkeit, nicht einen einzigen Weg auszulassen. Und das hat Vertreter der linken und der rechten Mitte geeint.

Die Idee zu einer landesweiten Demonstration ist beinah sofort entstanden und aus einem – man könnte sagen – objektiven Wunsch nach Mobilisierung geboren worden, der nicht nur in der Friedensbewegung immer größer wurde, sondern auch in breiten Schichten der Öffentlichkeit, die unter anderen Umständen für pazifistische Themen weniger sensibel sind. Darüber hinaus – und das ist ein ganz wichtiger Punkt – haben wir immer wieder die politische Natur der Entführung, beziehungsweise die politische Motivation der Entführer, bekräftigt. Zu dieser Überzeugung sind wir sowohl durch die Einschätzung des SISMI gelangt als auch durch die der in der Regel gut informierten Journalisten der arabischen Fernsehsender in der Golfregion sowie der politischen Kräfte und Behörden der benachbarten arabischen Länder und der Freunde der Baath-Partei. Nachdem also terroristische oder rein kriminelle Muster ausgeschlossen waren, zeichnete sich eine Herausforderung politischer Art ab, der man auf gleicher Ebene begegnen musste, und das nicht nur auf dem pazifistischen und humanitären Weg, den man gleichwohl einschlug und dem sich gewissermaßen auch die Regierung anschloss: ›Ihr müsst sie freilassen, denn sie ist Pazifistin, eine Freundin des irakischen Volkes‹ (Fini). Wir bereiteten also eine politische Antwort auf allen möglichen Ebenen vor. Ich nahm gern an verschiedenen Fernseh- und Radiosendungen teil, wobei ich, zuweilen mit Mühe, sentimentale und humanitäre Ziele bewusst vermieden und stattdessen die Ebene der Kritik an der Kriegspolitik und die Rolle Italiens in der von Bush und Blair vorangetriebenen Kampagne betont habe, worin ich von der Meinung der überwältigenden Mehrheit der Italiener bestärkt wurde. So ist unsere Parole entstanden: ›Lasst uns Giuliana und alle Iraker befreien‹: Also Rückzug der Truppen – nicht, weil du entführt worden warst, sondern weil es die einzig richtige Politik ist, die unsere Regierung vor allem jetzt verfolgen muss, da der Kandidat der USA, der einzige, der die Notwendigkeit der Präsenz ausländischer Truppen unterstützt hat, bei den irakischen Wahlen nur 13 Prozent der Stimmen erhielt, während diejenigen, die in ihrem Programm den Rückzug fordern, den Sieg davontrugen. Vor diesem Hintergrund beteiligte ich mich an Dutzenden von Debatten und Interviews, oft zusammen mit Gabriele Polo. Ich war für alle verfügbar, weil ich überzeugt war, dass es nützlich sei. Und als mir nach der Ausstrahlung deines ersten Videos bei einer Fernsehsendung ein Zuschauer vorwarf, Versammlungen abzuhalten, statt für deine Freilassung zu sammeln, habe ich ihm geantwortet, dass du mich genau darum gebeten hattest und ich die Figur des Gatten, der durch die Gegend zieht, um für die Befreiung seiner Gefährtin Geld zu sammeln, nutzlos und lächerlich finde. Natürlich hatten wir um Fernsehauftritte sowie um Besuche von Politikern und Botschaften – vor allem des italienischen Präsidenten und des Papstes – gebeten, aber all das war auch und vor allem das Ergebnis einer außergewöhnlichen Disponibilität und Anteilnahme der Medien und Behörden. Offen gestanden hat mich diese Disponibilität sehr überrascht, mit einer derart breiten und überzeugten Unterstützung deiner Befreiung und im Grunde auch deiner beruflichen Wahl hatte ich nicht gerechnet – von den üblichen Ausnahmen einmal abgesehen –, auch wenn sich nach deiner Befreiung die Dinge ein wenig geändert haben.«

Wie ihr geahnt habt, waren meine Entführer sehr empfänglich für diese Mobilisierung zugunsten meiner Freilassung, aber wirklich überrascht hat mich ihre Aufregung, als die Kapitäne der Fußballmannschaften mit Trikots mit der Aufschrift »Befreit Giuliana« aufliefen. Vor allem, dass auch Totti dabei mitmachte, von dem einer meiner Entführer ein leidenschaftlicher Fan war. Wie ist die Idee entstanden?

»Die ursprüngliche Idee, als ich Kontakt zu Franco Carraro, dem Vorsitzenden von Federcalcio aufgenommen habe, war eigentlich die, ihn zu fragen, ob es möglich wäre, in allen Stadien Transparente für deine Freilassung aufzuhängen. Dazu kam dann die Initiative mit den Trikots, die alle Mannschaftskapitäne vor jedem Spielbeginn trugen.«

Die einzige Demonstration, die ich in meinem Gefängnis sehen konnte, war die vor dem Capitol, ich war ziemlich gerührt, als ich sah, wie ein Bild von mir aufgehängt wurde, und all die Menschen auf dem Platz mit Kerzen. Es hat mir sofort Mut gemacht und mir das Gefühl gegeben, nicht allein und verlassen zu sein. Das war die erste Demonstration, am Tag nach meiner Entführung …

»Schon am Freitag hatte mich Veltroni angerufen und dabei war sofort die Idee zu einem Fackelzug entstanden, aber es war keine Großdemonstration, die konnte es ja auch nicht sein. Daher hatte ich einige Bedenken wegen des Umzugs vom 19. Februar: Ich fürchtete, es könnte eine reine Demonstration von Parteien und Aktivisten werden. Zudem hatten einige Politiker der linken Mitte einen konkreten Zweifel geäußert: Durch eine immer größere Mobilisierung bestünde das Risiko, sozusagen durch die ›Aufwertung‹ der Geisel das Lösegeld in die Höhe zu treiben, weshalb es besser wäre, nicht ganz so viel Aufhebens um das Ereignis zu machen. Ich muss zugeben, dass auch ich anfangs – vielleicht aus Angst – etwas vorsichtig war. Aber Valentino Parlato machte kurzen Prozess: ›Hier handelt es sich um eine Entführung politischer Natur, weshalb eine größere Einmischung durch die Politik nur helfen kann, wenn man Giulianas Rolle betont und so den Entführern klar macht, dass es ein Fehler wäre, eine Stimme wie die ihre zum Schweigen zu bringen‹.[2] Natürlich spekulierten wir darauf, dass die Entführer für solche politischen Signale empfänglich waren; wären sie bloße Banditen gewesen, hätte all das keinen Sinn gehabt.

Nachdem schließlich die politische Natur der Entführung als erwiesen galt, war es nur natürlich, die Mobilisierung auf politischer Ebene voranzutreiben, um die Verhandlungen zu erleichtern und den Entführern begreiflich zu machen, dass es ein Fehler und für sie eher kontraproduktiv sein könne, bis zum Äußersten zu gehen. Die Demonstration entsprach also einer Forderung, die nicht nur aus der Friedensbewegung kam, wie die Verbreitung deines ersten Videos bestätigt hat. Ich bin nach wie vor überzeugt – und das haben wir auch bewiesen –, dass dein Video ausschlaggebend war und die Anteilnahme in der Bevölkerung mindestens verdoppelt hat. Es hat selbst die Leute auf die Straße getrieben, die wir als ›gemeines Volk‹ bezeichnen könnten. Das Video hat das Gute in uns geweckt, das in unserem Land so oft zugeschüttet wurde. Das ist vielleicht eine nähere Betrachtung wert: Die große Volksmobilisierung, die in vielerlei Art auf deine Entführung folgte, ist nicht nur mit deiner Geschichte an sich zu erklären. Andere Fälle, vor oder nach dir, haben nicht das Gleiche ausgelöst. Natürlich sind die Zugehörigkeit zu ›il manifesto‹ und eine lange und klare politische Laufbahn wichtige Faktoren, die deinen Bekanntheitsgrad oder die Achtung, die man dir entgegenbringt, steigern, aber das allein ist keine hinreichende Erklärung für das, was geschehen ist. Ich glaube, dass viele Leute in dir ein positives Symbol gesehen habe, weil du gleich mehrere Dinge verkörperst: Du bist eine Frau, eine engagierte Journalistin, jedoch keine Primadonna, du bist gewissenhaft, professionell, ohne dass du dich in Debatten in den Mittelpunkt drängst, und du bist ein normaler Mensch, zerbrechlich trotz aller Kompetenz, wie das Video signalisiert hatte. All das zusammen ließ dich zu einem Symbol werden. Es ist ein bisschen wie mit diesem Kormoran, der im Öl schwimmt: Hunderte von Kormoranen sterben auf dieselbe Weise, so wie viele Kinder an Hunger sterben, aber auf einmal wird einer von ihnen in den Mittelpunkt der Aufmerksamkeit gerückt und schon wird er zur Ikone. Warum? Aus vielen Gründen: wegen des Systems, nach dem die Medien funktionieren, sprich der Selektion und Verbreitung von Nachrichten; weil die Menschen das Bedürfnis haben, das, was sie an Gutem in sich spüren, in etwas fließen zu lassen, an das es sich zu glauben lohnt, und auf die Straße zu gehen; vielleicht gibt es auch gar keinen Grund: Es passiert einfach. Jedenfalls haben an der Demonstration am 19. Februar neben Aktivisten der Friedensbewegung auch viele gewöhnliche Menschen teilgenommen, die vorher noch nie auf einer pazifistischen Demonstration waren.«

Aber hat diese Mobilisierung auch bewirkt, dass die gewöhnlichen Leute sich der Themen des Krieges, der Situation im Irak bewusst geworden sind?

»Sie hat sie zum Nachdenken gezwungen, sie hat etwas in Bewegung gesetzt, denn wahrscheinlich entspricht der Großteil der Menschen in diesem Land gar nicht dem Bild des gleichgültigen, ›berlusconisierten‹ Italieners. Die Mehrheit ist anders, womöglich hat sie einfach keine Lust, versteckt sich, traut sich nicht und deine Geschichte hat einen kleinen Bewusstwerdungsprozess in Gang gesetzt, weil sie einen guten Grund darstellte, sich zu Wort zu melden und auf die Straße zu gehen. Auf jeden Fall aber hat sie das Problem des Irakkrieges ins Blickfeld gerückt. Nachrichten im Fernsehen sind eine Sache, doch die Entführung eines Menschen ist eine andere, und auch wenn du diesen Menschen nicht persönlich kennst, bringt sie dich plötzlich dazu, dich zu fragen, was wirklich im Irak passiert.

Natürlich war das nicht für alle so: Einige Zeitungen haben einem anderen Italien, das weder vorher noch nachher irgendwelche Skrupel hatte, die Plattform geboten, über deine Geschichte zu spekulieren und sie zu verhöhnen, aber das beweist im Grunde nur das vorhin Gesagte.

Man muss übrigens auch festhalten, dass es während der Demonstration keine Slogans mit Kritik an Berlusconi und Bush gab – nicht weil die Demonstranten nicht so gedacht hätten, sondern weil das nicht das Ziel war. Was wir von der Regierung gefordert haben, war, die veränderten Bedingungen im Irak zur Kenntnis zu nehmen, ein starkes politisches Signal zu setzen und den Abzug der Truppen zu planen. All das passierte, während wir – ich und ›il manifesto‹ – einen sehr engen Kontakt ohne irgendwelche Spannungen zur Regierung und dem SISMI unterhielten. Jeder machte seinen Job. Wir waren der Ansicht, dass die Verhandlungspolitik des italienischen Staates richtig sei, und seinerseits ließ Letta – der die italienische Regierung vertrat – unsere Initiativen zu, einschließlich der Demonstration. Es war also eine parallele Politik: von unserer Seite die Mobilmachung gegen den Krieg, für deine Freiheit und die Freiheit aller Iraker; von Regierungsseite eine Politik auf der Linie der Verhandlungen und des internationalen politischen Drucks für die Befreiung einer Pazifistin und Freundin des irakischen Volkes.

Ich möchte noch an zwei Dinge in jenen Tagen erinnern,

die, wie ich meine, das Klima, wie es sich entwickelt hat, gut beschreiben und einen interessanten Schlüssel zur Interpretation darstellen, um das tief verwurzelte Wesen dieses Landes zu verstehen: Wenige Tage nach deinem ersten Video hatten wir überlegt, im ›il manifesto‹ auf Italienisch und Arabisch einen Brief von mir an dich und deine Entführer zu veröffentlichen, in der Hoffnung, dass er auf irgendeine Weise dein Gefängnis erreichen und zudem das Interesse an deinem Fall wachhalten würde. Er fing so an: ›Liebe Giuliana, im Video hast du gewirkt wie ein kleiner Vogel im Käfig ...‹ (›il manifesto‹, 22. Februar 2005). Die Auswirkung war unvorstellbar, nicht im Irak natürlich, aber hier: In Dutzenden Schulen haben Kinder ›kleine Gedanken‹ niedergeschrieben und einen kleinen Vogel im Käfig gezeichnet. Viele haben sie an die Zeitung geschickt, du konntest sie sehen, als du zurückgekehrt bist. Natürlich sind die Kinder von ihren Lehrerinnen dazu aufgefordert worden, aber das ist nicht der Punkt. Sie waren der Ausdruck eines allgemeinen Gefühls: Die Zeichnungen und Worte drücken in einfacher Form aus, was wir im Grunde alle dachten. Ich würde sie gern veröffentlichen.

Die andere Sache war die Disponibilität der Welt der Information und des Showgeschäfts. Damit wir uns nicht falsch verstehen: Ich weiß sehr wohl, dass du in jenen Tagen *die* Nachricht warst, du, deine Eltern und zum Teil auch ich, folglich hatte man ein ›berufliches‹ Interesse daran, uns einzuladen und reden zu lassen, doch die Wärme, die man hinter den Kulissen spürte, die aufrichtigen Tränen vieler Mädchen, die an den morgendlichen Unterhaltungssendungen teilnahmen, entsprangen keiner beruflichen Verpflichtung.

Als wir dann beschlossen, für Samstag, den 5. März ein

Konzert im Auditorium in Rom zu organisieren, wobei wir uns natürlich alle wünschten, dass es ein Fest für deine Befreiung würde (das wir schließlich wegen des tragischen Todes von Nicola absagten), waren alle Künstler, die wir kontaktiert hatten, uneingeschränkt bereit teilzunehmen, sogar wenn es für sie ein Opfer bedeutete. Und ebenso stießen wir immer auf dasselbe, höchste Entgegenkommen, wenn es darum ging, ein wenig Zeit bei Theateraufführungen oder Fernsehshows einzuräumen, um deine Geschichte zu erzählen oder für deine Freiheit einzutreten.

Stellt sich nur noch die Frage, wie viel von dieser Mobilmachung, von dieser Bereitschaft zur Teilnahme und zum Engagement, von dieser Forderung nach einer neuen Politik geblieben ist, ob sie sich tatsächlich niedergeschlagen hat oder ob sie zu einer ins Bewusstsein eingeprägten Erinnerung und einem Projekt im Mitte-links-Lager geworden ist.

Ich glaube, ehrlich gesagt, keins von beidem. Ich weiß nicht, woran das liegt, wessen Verantwortung es ist, vielleicht ein bisschen die unsere, vielleicht liegt es auch einfach daran, dass die aktuelle Politik nicht über die Instrumente und die Antennen verfügt, um diese Neuerungen voll und ganz zu erfassen. Die Qualität des politischen Bedürfnisses, für das jene einfachen Leuten stehen, die zum ersten Mal an einer Demonstration teilgenommen haben, oder das Gefühl, das sich hinter den Zeichnungen der Kinder verbarg, führen uns nicht nur dazu, uns nach der Beziehung zu den Bewegungen zu fragen, die oft einfach nur als Slogan oder in der Vorstellung irgendeines Möchtegernanführers existieren, sondern zwingen uns, Interpretationskategorien neu zu überdenken und somit auch ein Projekt, das anscheinend, von wenigen Ausnahmen abgesehen, nicht in Reichweite der führenden linken Gruppen liegt. Aber das bringt uns vom Thema ab.«

Als ich nach meiner Rückkehr die Fotos gesehen und die Erzählungen gehört habe, ist mir aufgefallen, dass aus all diesen Aktionen Optimismus sprach, der auf den Erfolg der Demonstrationen, aber vermutlich auch auf die laufenden Verhandlungen zurückzuführen ist. Auch ich habe in meinem Gefängnis gespürt, dass es eine Verhandlung gibt, und das hat mir Hoffnung gemacht …

»Von der Verhandlung oder den Kontakten wussten wir natürlich wenig, wir konnten uns nur denken, dass sie politischer Art waren, dass sie recht zügig vonstatten gingen und konkrete Resultate vorwiesen. Beweise für deine Entführung trafen ein (der Brief etc.). Dann irgendwann kam es plötzlich zur Krise, verursacht von einem anderen Vermittlungsversuch, jenem von Maurizio Scelli, Sonderkommissar des italienischen Roten Kreuzes. Diese Krise hat deine Befreiung vermutlich verzögert, worüber kürzlich ausgiebig berichtet wurde. Heute fragt man sich manchmal unweigerlich, wie die Dinge gelaufen wären, wenn es diese Einmischung nicht gegeben hätte, die wahrscheinlich auch von persönlichen Ambitionen geleitet war.

In dieser ganzen Zeit hatte ich – wenn auch begrenzt – die Gelegenheit, die Arbeit des SISMI kennen zu lernen, die, wie mir schien, neben der unbestrittenen Professionalität auch mit sehr viel Engagement und Leidenschaft vorangetrieben wurde, weit über die rein berufliche Verpflichtung hinaus – was vielleicht auch auf die Wertschätzung deiner Arbeit zurückzuführen war.«

Einer von ihnen hat mir erzählt, dass in ihrem Einsatzbüro ein Foto von mir an einer Tafel hing und dass sie sich abends, bevor sie gingen, mit den Worten bei mir verabschiedet hätten, sie würden mich bald befreien …

»Nach der Ankunft deines Videos setzte die Beziehung mit Calipari ein, den ich erst später kennen lernte – er hatte engeren Kontakt zu Gabriele.«

Genau, das Video, welchen Eindruck hat es auf dich gemacht? Zwar hast du mir von der Reaktion der Leute erzählt, aber was war deine Reaktion und die Caliparis? Schließlich war es der Grund für euer erstes Treffen.

»Der erste Eindruck – auch wenn es paradox klingen mag – war beruhigend. Das Video bewies nicht nur, dass du am Leben warst, sondern auch, dass dein Zustand trotz der Dramatik der Situation, in der das Video aufgezeichnet worden war, ermutigend war: Du warst nicht gefesselt, es gab keine Anzeichen für Gewaltanwendung, keine schwarzen Tücher, es gab keine bewaffneten Männer, dein Haar war offen und bei mehrmaligem Ansehen konnte man, auch anhand der verwendeten Terminologie, erkennen, dass du Befehle ausgeführt hast, nach einem Drehbuch vorgegangen bist. Du schienst einigermaßen klar zu sein und in der Lage – trotz dieser Tragödie –, der Situation standzuhalten. Uns ist die starke Übereinstimmung zwischen der italienischen und der französischen Version aufgefallen, als hättest du einen vorher festgelegten Text auswendig gelernt. Dieser Eindruck wurde noch dadurch bekräftigt, dass du dich an einer Stelle unterbrichst, sagst, dass du dich vertan hättest und noch mal von vorne anfangen müsstest. Du hast gewirkt, als sei dir vollkommen bewusst, was du da tust. Trotzdem haben mich natürlich die Grausamkeit und die Dramatik der Nachricht zutiefst erschüttert, gerade weil du dich an mich gewandt hast, das war wie ein Schlag in den Magen. Und das war es besonders für all jene, die nicht diese Überlegungen anstellen konnten.

Meine Eindrücke waren von Caliparis Einschätzung bestätigt worden, der in meinen Augen von Anfang an praktische Präzision, Ernsthaftigkeit, Umsicht und Entschlossenheit ausstrahlte. Seine Worte und seine Argumentation haben mich überzeugt, dass wir auf dem richtigen Weg waren, dass wir gute Arbeit leisteten und dass wir ein Ergebnis erzielen würden. Damit wir uns richtig verstehen, er hat nie einen positiven Ausgang garantiert, er hat nie gesagt, dass alles gut gehen wird, er hat immer gesagt: Wir sind auf dem richtigen Weg, wir arbeiten, die Resultate werden kommen, wir müssen uns aber immer darüber im Klaren sein, dass viele Gefahren lauern.«

Dennoch hat seine Haltung dazu beigetragen, dass ihr euch einen gewissen Optimismus bewahrt habt …

»Er hat uns das Gefühl gegeben, dass alles getan wurde, was man tun konnte. Der kritischste Moment in solchen Situationen sind die Stunden gleich nach der Entführung, wenn man noch nicht weiß, mit wem man es zu tun hat, und eine Kleinigkeit genügt, um die Situation eskalieren zu lassen. Danach wird die Lage stabiler, man verfolgt einen bestimmten Weg, was nicht bedeutet, dass man einer einzigen Möglichkeit nachjagt, sondern dass man eine Strategie entwickelt auf der Suche nach Gesprächspartnern und einer Möglichkeit der Gegenüberstellung. Der Optimismus war also das Ergebnis eines konkreten Weges, der schon in der Vergangenheit zu Erfolgen geführt und bereits Erkenntnisse über die Art der Entführung gebracht hatte, die uns erlaubten, die schlimmsten Befürchtungen auszuschließen. Auch die Erfahrungen der Vergangenheit, selbst die schlimme Erfahrung Baldonis, zeigen, dass in Anbetracht der Natur einer Entführung nach einem gewissen Zeitraum kein Interesse mehr daran besteht, die Geisel zu töten – vorausgesetzt natürlich, es sind Verhandlungen im Gange.«

Was haben die Forderungen und vor allem die Nachrichten von meiner angeblichen Tötung bei dir ausgelöst?

»Diesen Nachrichten waren immer Hinweise des SISMI vorausgegangen, die stets davon ausgingen, dass die Meldungen nicht verlässlich waren. Dennoch haben sie ihre Wirkung nicht verfehlt. Auch wenn darauf regelmäßig die Dementi folgten.«

Ihr habt mit der Freilassung gerechnet …

»Ja, an diesem Freitag wollte ich in die Golfregion fliegen, um dich abzuholen. Eigentlich wollte ich das schon Anfang der Woche, Calipari war geflogen, um die Verhandlung abzuschließen, und alles deutete auf sehr knappe Zeiträume hin. Jedenfalls, als dann am Freitag zuerst auf al-Dschasira die Nachricht deiner Freilassung kam, war ich nicht überrascht. Im Anschluss klingelte unaufhörlich das Telefon, schließlich fuhr ich zur Zeitung. Von dort bin ich mit Gabriele weiter zum Palazzo Chigi gerast, gefolgt von ein paar Journalisten. Durch die Hintertür, an den Kontrollen vorbei, sind wir in das Büro von Gianni Letta hinaufgestürzt, wo bereits der Direktor des SISMI, Niccolò Pollari, und einer seiner Agenten, waren. Dann kam auch Berlusconi und auf einmal geht Pollari, der bereits mit dir gesprochen hatte, aus dem Zimmer und versucht, wieder eine Verbindung zu bekommen, damit auch ich mit dir sprechen kann. Stattdessen aber kehrt er völlig außer sich ins Büro zurück und erzählt, was gerade passiert, er telefoniert live mit dem Fahrer, der von 300, 400 Schüssen auf den Wagen spricht. Alle starren wir ihn ungläubig an, jetzt frage ich den Agenten noch einmal. Er berichtet sofort, dass Nicola tot ist. Und die Signora? Zuerst sagt er, dass er dich sieht, dass deine Augen geöffnet sind, dass du dich bewegst und dann aufstehst ... Es vergehen Minuten, in denen wir ahnen, was geschehen sein kann, aber wir sind noch nicht sicher. Nicola ist tot, das scheint sicher, auch wenn wir alle hoffen, dass er sich einfach wegen seiner Verletzungen nicht bewegen kann. Und auch über deinen Zustand haben wir keine Gewissheit. Jetzt geschieht etwas Unglaubliches: Der Agent sagt, dass man ein Gewehr auf ihn gerichtet hat und ihm befiehlt, das Handy auszuschalten. Als der Direktor des SISMI ihn auffordert zu sagen, mit wem er spricht, entgegnet er, das interessiere die amerikanischen Soldaten nicht und dann bricht die Verbindung ab. Es folgen 15 bedrückende Minuten der Ohnmacht. Ja, es ist in der Tat ein Gefühl der Ohnmacht, für das sich keine Worte finden, Ohnmacht gegenüber der Arroganz des amerikanischen Verbündeten, der die Entscheidungen trifft und tut, was er will, während wir ein untergeordneter Verbündeter sind, zuweilen auch unbequem, der nicht gleichberechtigt handeln darf – trotzdem hätte ich das, was gerade passiert, nie und nimmer für möglich gehalten. Was sollten wir tun? Wen anrufen? Wie die Kommunikation wiederherstellen? Berlusconi ist schweigsam – vielleicht ahnt er schon die verheerenden Auswirkungen –, Letta versucht Gianludovico De Martino zu erreichen, den italienischen Botschafter in Bagdad. Ein weiterer Agent des SISMI kommt, spricht mit Pollari, sie beschließen, nach Bagdad zu fliegen. Berlusconi sagt, dass sie mich mitnehmen sollen. Wir planen also unsere Abreise, um dich abzuholen, auch wenn wir noch nicht wissen, ob du überhaupt transportfähig bist. Gabriele fährt zur Zeitung. Ich bleibe noch ein paar Minuten, mich überkommen Zweifel, weshalb ich Berlusconi frage, was er von dem, was geschehen ist, hält. In diesem Augenblick war ich mir nicht so sicher, dass man Nicolas Tod zu einem Gegenstand des Nationalstolzes machen würde, aber wenn ich jetzt darüber nachdenke, scheint es mir fast unvermeidlich. Doch es ging nicht nur um Nicolas Tod: Eine Geheimoperation italienischer Agenten war im Gange und die Amerikaner hatten auf sie geschossen, vielleicht waren noch andere darin verwickelt und in Gefahr, ich frage Berlusconi also, welche Version die Öffentlichkeit zu hören bekommen wird. Was soll ich sagen, wenn ich den Palazzo Chigi verlasse und mich jemand fragt, was passiert ist? Berlusconi zögert nicht: ›Die ganze Wahrheit‹, antwortet er trocken. Also gehe ich. Ich fahre zu Hause vorbei, um Sachen für dich zu holen, ohne überhaupt zu wissen, was du brauchen würdest. Ich nehme für alle Fälle eine Jacke mit. Mit einem Wagen vom SISMI, der unterwegs tanken muss, fahre ich zum Flughafen Ciampino. Nachdem ich hektisch nach der Nummer vom Palazzo Chigi gesucht habe – die ich nicht dabeihabe, auch der Agent, der mich begleitet, hat sie nicht –, erreiche ich endlich Letta, dem es in der Zwischenzeit gelungen ist, sich mit dir in Verbindung zu setzen. Das beruhigt mich. In Ciampino angekommen, telefoniert der Agent des SISMI, der unsere Reise organisiert, gerade mit den amerikanischen Militärs, die den Flughafen von Bagdad kontrollieren und uns vor sechs Uhr morgens, wenn es hell wird, keine Landegenehmigung erteilen wollen. Der Agent lässt sich nicht einschüchtern: Wir fliegen trotzdem, wir haben die Genehmigung des Ministerpräsidenten. Wenn ihr uns nicht landen lassen wollt, holt uns doch runter. Es ist elf, wir sind startbereit – inzwischen sind wir eine zehnköpfige Mannschaft, auch ein Arzt ist dabei. Dreieinhalb Stunden später sind wir in Bagdad, wo es halb fünf ist. Es ist ein bisschen schwierig, zwei Hubschrauber zu finden, die uns zum Hospital bringen sollen, in dem du liegst. Schließlich aber bekommen wir sie und erreichen das Krankenhaus, den Rest der Geschichte kennst du.

11. Schlussbemerkungen

Es kam nur ganz selten vor, dass meine beiden Wächter die Wohnung, in der ich als Geisel gehalten wurde, gleichzeitig verließen. Wenn ich dann an die Türe klopfte und niemand mir antwortete oder öffnete, überkam mich plötzlich die Angst vor dem Verlassenwerden, die sich zu der Angst gesellte, die die unerträgliche Klaustrophobie hervorrief. Der Gedanke, dass ich – schließlich war alles möglich – eingeschlossen in meinem Zimmer sterben würde, wie ein Vogel im Käfig, oder noch schlimmer, wie eine Maus in der Falle, versetzte mich in Panik. Und noch heute, wenn mir diese Momente in Erinnerung kommen, packt mich die Angst, verlassen zu werden, lösen sie eine Beklemmung aus, die ich nicht zu kontrollieren vermag.

Das ist nicht das einzige Überbleibsel meiner Gefangenschaft. Damals, als ich gezwungen war, ganze Tage allein zu verbringen, ohne auch nur ein Wort, einen Gedanken wechseln zu können, träumte ich davon, mich unter die Menge zu mischen – nicht nur, um zu reden, sondern auch, um Stimmen zu hören –, nun hingegen bekomme ich Beklemmungen, wenn viele Menschen um mich herum sind. Viele Leute auf einem Haufen machen mir Angst. Und auf der Straße kann ich den Menschen nicht entgehen, die mich wiedererkennen, mich oft voller Diskretion anhalten, meist sind es Frauen: »Wir sind stolz auf Sie, machen Sie weiter so«, sagen sie. Verlegen frage ich mich, warum. Manchmal habe ich – zum Unverständnis meiner Freunde – das Bedürfnis, allein zu sein, vielleicht um mich mit mir selbst zu messen, mit meinen Ängsten. Die zahlreich sind. Wie die vor der Dunkelheit: Ich kann nicht mehr schlafen, wenn das Licht aus ist. Manchmal wache ich plötzlich panisch auf: Wo bin ich? Dann sagt mir ein Licht, wo ich bin, und ich beruhige mich.

In allem, was ich tue, ist mir ein Gefühl der Unsicherheit geblieben, ob ich die Straße überquere oder Auto fahre. Und wahrscheinlich ist es diese Unsicherheit, die dafür sorgt, dass ich nur noch für den Tag lebe, dass ich Angst habe, Pläne für die Zukunft zu machen. Das liegt allerdings weniger an meiner damaligen Gefangenschaft, wie ich überzeugt bin, als an den Auswirkungen dessen, was nach meiner Befreiung geschehen ist: Die Schießerei hat ein Gefühl in mir zerstört, ein Gefühl, das gerade im Entstehen begriffen war, das Gefühl, wieder frei zu sein, die Freude darüber. Dieses Gefühl wurde brutal zunichte gemacht und ich konnte nicht und werde nie glücklich sein über meine Befreiung, weil sie denjenigen Menschen, der mich gerettet hat, das Leben gekostet hat.

Dennoch bin ich dank Nicola Calipari frei und ich lebe. Und vielleicht werde ich nach und nach die Ängste und Beklemmungen besiegen, wieder Vertrauen in mich gewinnen und Zukunftspläne schmieden. Bis zu diesem tragischen Abenteuer konnte ich es nach einer Reise kaum abwarten, wieder auf die nächste zu gehen. Nun ist es, als wäre diese Rastlosigkeit in meinem Inneren gefangen. Vielleicht werde ich irgendwann wieder wie früher, mit Sicherheit werde ich nicht aufhören zu kämpfen, ich werde damit weitermachen, um die Wahrheit über Nicola Caliparis Tod herauszufinden.

Meine Entführung hatte einen zweigeteilten Effekt: Frustration auf beruflicher und Bestätigung auf politischer Ebene. Bis zum Tag vor meiner letzten Abreise nach Bagdad war ich der Meinung gewesen, dass man trotz der Gefahr das Risiko eingehen müsse, um über die verheerenden Folgen des Krieges im Irak zu berichten. Also bin ich wie viele andere dieses Risiko eingegangen, aber ich musste feststellen, dass es im Moment nicht mehr möglich ist, im Irak zu arbeiten. Meinen Beruf so auszuüben, wie ich ihn verstehe: mich vor Ort umzusehen, den Kriegsalltag zu dokumentieren und Zeugnis von dem Leid abzulegen, indem ich mit den Protagonisten dieser Wirklichkeit rede. Ich bin losgefahren, um die Flüchtlinge aus Falludscha zu interviewen, diejenigen unter den Irakern, die vielleicht am meisten unter der Besatzung gelitten haben, und wurde entführt. Die französische Journalistin Florence Aubenas ist einen Monat zuvor an genau derselben Stelle entführt worden, aber das sollte ich erst hinterher erfahren. Dass wir entführt worden sind, nachdem wir die Flüchtlinge interviewt hatten, vielleicht sogar, weil wir sie interviewt hatten, beweist, dass diejenigen, die im Irak die Waffengewalt haben, keine Zeugen wollen. Und dieses Diktat hinnehmen zu müssen ist in gewisser Weise eine Niederlage. Nicht nur für mich, sondern auch für alle im Irak, die einer Stimme bedürfen. Diejenigen, die ich in Konfliktgebieten – von Somalia bis Algerien, von Palästina bis Afghanistan und bis vor meiner Entführung auch im Irak – zum Reden bewegen wollte. Offenbar – und das mache ich mir selbst zum Vorwurf – hatte ich nicht einkalkuliert, wie weit die Degeneration des Krieges gehen kann, obgleich ich selbst immer auf sie hingewiesen habe: Es waren meine Entführer, die mir die harte Realität ins Gesicht gesagt haben. Im Irak sind alle möglichen Maßstäbe, die einen in irgendeiner Weise retten könnten, zum Teufel gegangen, es ist, als befände man sich in einem Sumpf und wüsste nicht, wo man den Fuß hinsetzen soll. Nicht, dass ich mir eingebildet hätte, gegen Entführungen immun zu sein, im Gegenteil, ich hatte immer das Nötigste in der Tasche, um in Gefangenschaft überleben zu können, aber die Entführung hat mir vor Augen geführt, dass es keinen Sinn mehr hat, zum Zweck der Berichterstattung ein solches Risiko einzugehen. Die Entführung ist wieder mal ein Beweis dafür, dass der bewaffnete Widerstand (oder zumindest ein Teil davon) nicht an einer Beziehung zum Ausland interessiert ist, denn er behandelt alle Ausländer als Feinde, ohne noch einen Unterschied zu machen zwischen Militärs, die das Land besetzen, *contractors*, die einen schmutzigen Krieg führen, Mitarbeitern humanitärer Einrichtungen, die sich um die Bedürftigsten kümmern, und Journalisten, die von einer Realität berichten wollen, die sich von der unterscheidet, die die eingebetteten Medienvertreter durch den Filter (oder die Zensur) der Militärkommandos sehen. Aber dass ich heute wegen meiner Entführung sage, ich kehre nicht mehr in den Irak zurück, solange die Situation sich nicht geändert hat, kommt für mich dem Eingeständnis einer Niederlage gleich.

Die Ereignisse nach meiner Befreiung, die »freundlichen« Schüsse auf unseren Wagen, haben mich an den Ursprung geführt, zu dem, was die Lage im Irak zum Kippen gebracht hat: der Krieg. Wegen des Krieges hat der Sturz Saddams keine Freiheit gebracht, sondern eine Verrohung Mesopotamiens, der Wiege der Zivilisation mit den Sumerern, Assyriern und Babyloniern. Das ist die Wirklichkeit …

Allen, die die Geduld hatten, dieses Buch zu Ende zu lesen, wird sich der Doppelsinn des Titels erschlossen haben.

»Friendly Fire« meint nicht nur die Schüsse der Amerikaner auf das Fahrzeug, in dem ich mit zwei Agenten des SISMI fuhr, jene Schüsse, die Nicola Calipari getötet haben, sondern auch meine Entführung als solche: Ausgerechnet ich, die ich mich seit langem gegen den Krieg und die Besatzung des Irak einsetze, bin entführt worden, während ich nach Zeugnissen für die Folgen der Bomben auf Falludscha gesucht habe, während ich versucht habe, denjenigen eine Stimme zu geben, die sie durch die eingebetteten Journalisten nicht haben. Warum ausgerechnet ich? Das ist die Frage, die mich meine ganze Gefangenschaft über gequält hat. Die ich nun glücklicherweise hinter mir habe. Und dann die Angst: Warum ausgerechnet Nicola Calipari? Werden wir je eine Antwort erhalten? Jedenfalls dürfen wir nicht aufhören, die Wahrheit zu suchen.